货币政策调整、资产价格波动与宏观经济运行关联研究

寇明婷　著

教育部人文社会科学研究一般项目（13YJC790062）
中国博士后科学基金面上项目（2014M550798）
国家自然科学基金重点资助项目（71532013）
国家自然科学基金面上项目（71273257）
中央高校基本科研业务费专项资金资助项目（FRF-TP-16-051A1）

资助

科学出版社

北　京

内 容 简 介

本书以我国货币政策、资产价格与宏观经济政策作为研究对象，基于三者之间的关联机理以及对我国货币政策演变的梳理，综合运用多种金融计量方法，分别从政策异质性、波动溢出效应及中国股票市场的"塔西佗陷阱"效应等角度深度剖析三者之间的联动关系。本书遵循由简到难、由浅入深、由理论到实证逐步深入的逻辑顺序，其内容将为研究经济政策与资产价格波动问题提供新的视角和更为科学的研究方法；其分析与结论将为经济政策制定者及经济政策传导过程中的利益相关者群体提供一个清晰的图景。

本书适合高等学校本科与硕士、博士研究生，相关领域的研究人员与高校教师，经济政策制定部门，股票市场管理者与投资者阅读和参考。

图书在版编目（CIP）数据

货币政策调整、资产价格波动与宏观经济运行关联研究 / 寇明婷著. —北京：科学出版社，2019.6

　ISBN 978-7-03-055228-0

　Ⅰ. ①货… Ⅱ. ①寇… Ⅲ. ①货币政策-关系-宏观经济运行-研究-中国 ②资本市场-经济波动-关系-宏观经济运行-研究-中国 Ⅳ. ①F822.0 ②F123.16

　中国版本图书馆 CIP 数据核字（2017）第 274191 号

责任编辑：马　跃　李　嘉 / 责任校对：王丹妮
责任印制：张　伟 / 封面设计：无极书装

科 学 出 版 社 出版
北京东黄城根北街 16 号
邮政编码：100717
http://www.sciencep.com

北京盛通商印快线网络科技有限公司 印刷
科学出版社发行　各地新华书店经销

*

2019 年 6 月第 一 版　开本：720×1000　B5
2019 年 10 月第二次印刷　印张：12 1/4
字数：247 000
定价：98.00 元

（如有印装质量问题，我社负责调换）

前　言

20 世纪 90 年代以来国际金融危机的频繁爆发，特别是由美国次贷危机引致的全球金融危机，严重阻滞了世界经济增长，同时也暴露了传统顺周期的金融监管体制与金融运行模式的内在不足——能够确保金融机构的个体稳健，却无法有效识别和应对系统性风险。在此背景下，逆周期的宏观审慎调控对经济金融平稳运行的重要积极作用开始凸显。面向逆周期调控需求，研究与实证剖析我国货币政策调整、资产价格波动与宏观经济运行的关联互动，对监管金融系统风险、支撑货币政策与宏观审慎政策的发展具有重要的实践价值与理论意义。

本书以我国货币政策、资产价格与宏观经济政策为研究对象，基于三者之间的关联机理及对我国货币政策演变的梳理，以不同频率的多层次资产价格数据为样本，运用推广的广义自回归条件异方差模型、改进的事件研究方法、结构向量自回归等计量工具，分别从宏观经济预期、货币政策与资产价格的关联研究，货币政策与资产价格的波动溢出效应及中国股票市场的"塔西佗效应"几方面展开货币政策与资产价格关联互动的研究讨论。

本书的主要研究工作和贡献如下。

（1）货币政策、资产价格与宏观经济的短期联动研究。

通过对货币政策调整中可预见部分和未预见部分进行区分，对由货币政策的意外调整及宏观经济信息的发布而引起的国内三类金融市场波动进行系统性分析。同时，在研究方法上，除运用区分货币政策调整可预见与未可预见部分的方法外，还基于门限广义自回归条件异方差（threshold generalized autoregressive conditional heteroskedasticity，T-GARCH）模型的基准形式，将居民消费价格指数（consumer price index，CPI）、工业增加值和社会消费品零售总额三类宏观经济政策变量纳入 T-GARCH 模型中，构建了推广型 T-GARCH 模型。

（2）宏观经济预期、资产价格与货币政策的联动研究。

在现有文献的基础上，首先设计区分了宏观经济信息的可预见与未预见部分，随后通过构建纳入不同经济因子变量的推广型 C-GARCH（component generalized autoregressive conditional heteroskedasticity，因子广义自回归条件异方差）模型，对不同类型的经济政策因素对资产价格波动影响的异同进行计量分析，尤其对不同行业资产价格波动中所蕴含的异质性经济信息的长期成分与暂时成分进行了同时捕捉与区分。

（3）金融信贷视角下货币政策、资产价格与宏观经济的风险联动研究。

基于金融信贷、资产价格和宏观经济三者互动机理分析，构建结构向量自回归模型（structural vector autoregression，SVAR），分别从国内货币信贷、国内宏观环境与境外金融环境三个层面考察不同资产价格在次贷危机后与宏观经济之间的风险联动关系。相对以往研究，本书将在考虑同环比样本数据差异的同时，考虑在金融信贷影响下异质性资产价格与宏观经济变量之间的潜在内生性对风险联动关系的影响。

（4）货币政策与资产价格波动溢出效应研究。

资产价格泡沫信息流的跨市溢出使金融市场的波动从一个市场、地区、国家迅速传播到另一个市场、地区、国家，是导致不同金融市场异常动荡的重要原因。本书基于现有文献，通过构建由协整、格兰杰因果检验、误差修正模型、二元向量自回归 BEKK 多元广义自回归条件异方差［vector autoregressive-BEKK-multivariate greneralized autoregressive conditional heteroske dasticity（1，1），VAR-BEKK-MGARCH（1，1）］、三元 VAR-BEKK-MGARCH（1，1）模型组合的递进式计量分析框架，以沪深 300 指数、股指期货与货币市场利率之间的互动关系为研究对象，在考虑股指期货与股票现货市场之间波动溢出的条件下把握货币政策与股票价格之间的动态关联，细致剖析我国沪深 300 股指期货推出前后股票现货市场与货币政策的关联互动关系及其变化。与以往研究不同的是，本书将在资产价格之间的动态相依关系中把握资产价格与货币政策之间的关联关系变化，并模拟资产价格波动的蔓延过程。

（5）中国股票市场"塔西佗陷阱"效应研究。

通过梳理和研究政府"塔西佗陷阱"效应与股票市场"塔西佗陷阱"效

应发生机理，以 2006 年 1 月至 2015 年 6 月中国股票市场交易数据与中央银行货币政策调整变化为考察样本，借助事件分析方法，以考察样本区间内股票市场对政策不同时期不同转向的"预期相符收益率"与"预期相悖收益率"之比是否小于 1，并将其作为市场是否存在"塔西佗陷阱"效应的判断标准，同时考证货币政策工具异质性与政策不同转向的作用。

本书的主要结论如下。

（1）未预见的货币政策调整对利率市场、汇率市场和股票市场波动的影响均具有非对称性特点，紧缩性货币政策信息对市场的冲击大于扩张性货币政策信息，即紧缩性货币政策能够有效地抑制经济过热，而扩张性货币政策对经济衰退的抑制效果不明显。利率市场和汇率对未预见的货币政策调整的反应具有显著的及时性特点，而股票市场相对较弱。从市场层面看，货币政策的意外调整与利率市场的关联关系最强，与股票市场的关联关系较利率市场而言更为微弱。宏观经济变量与利率市场、股票市场的关联关系较汇率市场更为显著。从关联关系的变动方向看，在短期层面，代表货币政策变量的法定存款准备金率与股票价格表现为正向关联，而代表生产和消费的宏观经济变量与股票价格表现为负向关联。

（2）在市场未预期到的宏观经济信息影响下，法定存款准备金率调整、工业增加值和社会消费品零售总额的信息对股票市场产生了显著的长期冲击。从政策信息的不同层面来看，法定存款准备金率、工业增加值与股票价格波动的关联关系最强，社会消费品零售总额次之，CPI 与贷款基准利率最弱。此外，货币政策调整与股票价格波动关联关系的行业差异实证分析结果显示，与货币政策变量关联较大的行业主要分布在消费、能源和金融行业，并且在统计上短期关联性表现得更显著。从沪深两类市场来看，上证行业与经济政策变量的互动关联较深证行业更显著。

（3）在代表宏观经济环境的各类指标中，相对房地产价格，股票价格对货币信贷变量的冲击速度缓慢，但持续时间相对较长。股票价格与房地产价格对"热钱"的正向冲击均导致了"热钱"流入，且"热钱"在短期内有推高房地产价格的作用。但相对而言，来自房地产价格的冲击较股票价格而言较为稳定。信贷变量对股票价格与房地产价格的风险冲击较利率而言持续时间短，冲击力度小。

（4）股票市场波动与货币政策调整之间存在显著的双向风险波动溢

效应，并且货币政策调整对股票市场的风险波动传递更强。但股指期货推出后，在期货市场信息传递的作用下，货币政策对股票市场和期货市场的风险溢出较之前也有所降低。在股指期货推出前，股票市场与货币政策之间的一阶均值波动冲击与高阶风险溢出只表现为货币政策对股票价格的单向价格传递溢出效应，而在股指期货推出后，则表现为双向价格传递溢出。

（5）中国股票市场中存在"塔西佗陷阱"效应。相对法定存款准备金率的调整而言，股票市场在一年期贷款基准利率调整时的"塔西佗陷阱"效应表现更严重。这种显著的宣告效应从侧面印证了中央银行"公告操作"的可行性与实施的意义所在。但是"塔西佗陷阱"效应的存在折射了股票市场信心不足、信任缺失。此外，除特殊时期——次贷危机时期"塔西佗陷阱"效应的程度最严重外，相对危机前，危机后的"塔西佗陷阱"效应表现得更严重。

目　　录

第1章 绪 论

1.1 研 究 背 景

20世纪90年代以来国际金融危机频繁爆发,特别是由美国次贷危机引致的全球金融危机,在严重阻滞世界经济增长的同时,也暴露了传统顺周期的金融监管体制与金融运行模式的内在不足——能够确保金融机构的个体稳健,却无法有效识别和应对系统性风险。与此同时,逆周期调控对经济金融平稳运行的重要作用引起了全球经济体的密切关注。作为典型逆周期调控政策之一的货币政策与资产价格之间的关联互动也再一次受到极大关注。一方面,20世纪90年代以来频繁爆发的国际金融危机,无不是以资产价格泡沫过度膨胀伴随着大规模的信贷扩张,经济长期繁荣促成公众的乐观预期为特点。在国际金融危机频发背景下,货币政策与资产价格波动及宏观经济运行之间的关系是否已经成为引发资产价格泡沫、金融不稳定乃至经济不稳定的主要诱因引起了国际研究领域的极度关注。另一方面,宽松型货币政策导致的大量信贷创造将会形成金融机构自身资产质量的潜在压力累积。如果在资产价格的形成过程中能够较好地控制与约束金融信贷调整的创造,那么资产价格泡沫就难以形成,或泡沫形成但未破裂,抑或在泡沫破裂后对经济的冲击也相对弱化,金融风险的累积也同时会得到有效的控制。因此,如何实现货币政策操作与资产价格波动的良性互动成为学术界特别关注的议题之一。

中国作为金融危机后率先复苏的经济体,面对高储蓄率、转轨经济等不同于其他国家的众多特征,尽早运用逆周期的宏观审慎监管框架势在必行。

我国"十二五"规划也明确提出"构建逆周期的金融宏观审慎管理制度框架"的政策目标。逆周期调节又称反周期调节，即"逆经济风向行事"，目的是熨平经济的周期性波动。货币政策是典型的逆周期调控政策之一，当经济增长过快、通胀压力加大时，实行紧缩的货币政策，提高利率、存款准备金率，减少货币供应量和信贷总量；反之，当经济下滑或有衰退风险时，采取宽松的货币政策，降低利率、存款准备金率，增加货币供应量和信贷总量。

在此背景下，本书通过考证国内资产价格波动、货币政策调整与宏观经济运行之间的关联互动，在充分考虑经济政策异质性与资产价格类型的同时，将西方政治学经典定律之一的"塔西佗陷阱"理论首次引入国内股票市场中，具有较高的学术价值。这样，不但有利于认识市场信息的波动传递机制，提高资产价格波动的解读水平，避免金融机构在经济繁荣时期系统性风险的过度积累，为金融市场改革、经济政策制定与管理部门提供理论与实践依据，而且有利于促进现有货币政策调整与资产价格波动的研究，从更符合现实实践与监管的角度考证资产价格波动与货币政策调整之间的关系，为中央银行有效使用货币政策工具与逆周期的宏观审慎政策调控资产价格波动，减少资产价格异常波动，防范资产价格泡沫提供理论支持和可供选择的政策发展建议。

1.2 本书的基本框架

本书基于我国货币政策操作现状、货币政策调整与资产价格波动及宏观经济运行的理论机理及其相关研究文献，从危机救助实践角度、政策预期角度、金融信贷角度、政策工具异质性角度、跨市场波动溢出效应角度和中国股票市场的"塔西佗效应"等角度展开对货币政策与资产价格关联互动作用的研究讨论。本书形式并行、内容递进展开，具体研究框架与技术路线如图 1-1 所示，主要包括基于 GARCH 族方法的货币政策、资产价格与宏观经济的短期联动研究；考虑政策工具异质性条件下不同类型宏观经济政策因素与资产价格波动的关联影响；考虑金融市场波动溢出的条件下货币政策与股票价格之间的动态关联研究；基于结构向量自回归模型，从国内货币信贷、国内宏观环境与境外金融环境层面考察不同资产价格在次贷危机后与宏观经济之间的风险联动关系；此外，借助事件分析方法，对股票市场"塔西佗陷阱"效应的发生机理及表现进行研究。

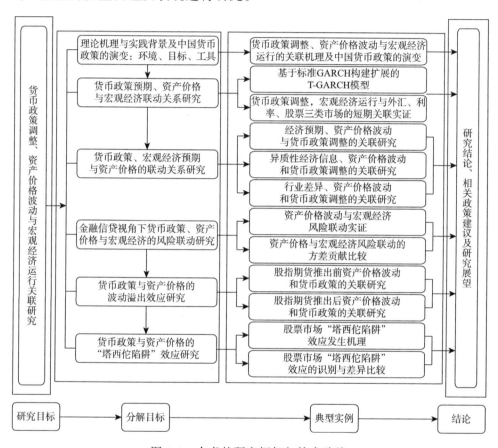

图 1-1　本书的研究框架与技术路线

1.3 本书研究内容

本着系统关注与重点突破的原则，本书主要关注五部分内容：第一，异质性经济政策变量与资产价格的关联研究；第二，经济政策预期与资产价格的关联研究；第三，货币政策与资产价格的波动溢出效应研究；第四，金融信贷视角下货币政策、资产价格与宏观经济的风险联动研究；第五，国内资产价格的"塔西佗陷阱"研究。

1.3.1 异质性经济政策变量与资产价格的关联研究

货币政策工具的异质性导致不同的政策工具与资产价格之间的互动模式会有所不同，同一类型不同行业的资产价格对货币政策调整的波动模式及其所蕴含的长期风险与短期风险也不同。已有研究大多研究单独的一种政策工具与某一类资产价格的互动，然而在不同货币政策工具调整时间相近时，就无法准确捕捉某一特定货币政策工具的操作效果。

本书拟通过引进独立政策因子变量于 C-GARCH 模型之中，细致考察不同类型资产价格波动模式以及不同货币政策工具导致的二者关联互动，在获得每种政策工具与变量的资产价格波动效应的同时，不同工具导致的波动模型也可得到详细比较。

1.3.2 经济政策预期与资产价格的关联研究

在经济政策宣布操作过程中，预期的存在使金融市场往往先于经济政策的宣布而波动。如果对经济政策中的可预见部分与未可预见部分不加区分，就可能低估或者错判经济政策对金融市场波动的实际影响。

基于此，本书将尝试对经济政策的可预见和未可预见部分进行区分，目的在于尽量全面和准确地揭示经济政策作为市场新信息如何影响金融市场及其资产价格的波动。本书在分别分析资产价格如何对未预见到的经济政策做出反应的基础上，主要回答如下两个问题：第一，哪些经济政策是驱动金融市场资产价格变化的主要因素？第二，市场资产价格对未可预见的经济政策的反应模式及反应速度如何？

1.3.3 货币政策与资产价格的波动溢出效应研究

全球经济一体化的迅速发展与信息技术的快速革新，使跨市场、跨行业、跨产品的资产价格之间信息的传递溢出效应逐日显著。资产价格的波动会从一个市场、地区、国家迅速传播到另一个市场、地区、国家。现有研究大多是针对单维市场的测度，无法系统考虑多市场资产价格波动之间的关联关系。鉴于此，如何在动态中考察资产价格波动与宏观经济信息变化的规律，则成为本书所面临的另一难点，亦是我们要解决的另一关键问题。

本书预通过构建 VAR-BEKK-MGARCH 模型，研究多市场、多国家资产价格的相互依存关系，并引入资产价格之间的时变相关变化，以期能够模拟资产价格波动的蔓延过程。

1.3.4 金融信贷视角下货币政策、资产价格与宏观经济的风险联动研究

基于金融信贷、资产价格和宏观经济三者互动机理分析，构建 SVAR，分别从国内货币信贷、国内宏观环境与境外金融环境三个层面考察不同资产价格在次贷危机后与宏观经济之间的风险联动关系。相对以往研究，本书将在考虑同环比样本数据差异的同时，考虑在金融信贷影响下异质性资产价格与宏观经济变量之间的潜在的内生性对风险联动关系的影响。

1.3.5 国内资产价格的"塔西佗陷阱"研究

"塔西佗陷阱"源于古罗马历史学家塔西佗，是指当政府部门失去公信力时，无论说真话还是假话，做好事还是坏事，都会被认为是说假话、做坏事。

　　本书将通过扩展传统的事件分析方法，在充分考虑中央银行货币政策传导的非线性特征的条件下，从资产价格对中央银行货币政策调整的短期宣告反应中实证检验股票市场中"塔西佗陷阱"的表现与特征。

第2章 理论机理与实践背景

2.1 理 论 机 理

2.1.1 货币政策资产价格之间的传导机理

1. 利率传导机制

利率传导理论反映了由基础货币变化导致利率变化进而导致资产价格、投资的变化，最终揭示实体经济的运行方式。该理论最早源于凯恩斯 1936 年的《就业、利息和货币通论》，之后由凯恩斯学派的多位经济学家逐步传承发展，形成了传统的凯恩斯主义利率传导渠道，包括 Hicks（1937）和 Hansen（1949）在《就业、利息和货币通论》的基础上提出的 IS-LM 模型，该理论强调货币供给的变化通过利率对投资产生影响—— 货币存量的增加将导致利率降低而影响厂商和消费者的借贷成本，借贷成本的降低导致总需求增加并最终导致总产出和总收入的增加，即基础货币操作—利率—资产价格—投资—实体经济活动；Tobin（1969）的"金融资产结构平衡论"主要强调货币供应的变化通过利率对资产结构的影响，最终影响社会产出和国民收入；Modigliani（1971）的"生命周期理论"则主要强调货币供应量的变化通过利率对私人消费的影响，最终影响社会产出和国民收入。传统的凯恩斯主义利率传导机制最重要的特征主要表现在两方面：一是该传导机制强调实际利率对消费和决策的影响，而非名义利率；二是该传导机制认为对支出产生重要影响的是长期实际利率而不是短期利率。货币政策的利率传导渠道具体可以表述如下：

$$M\downarrow=>SR\uparrow=>LR\uparrow=>I\downarrow=>Y\downarrow$$

其中，$M\downarrow$代表紧缩性货币政策操作；$SR\uparrow$代表短期利率的上升；$LR\uparrow$表示长期利率的上升；$I\downarrow$表示需求下降；$Y\downarrow$表示产出下降。

2. 信贷传导机制

货币政策的信贷传导理论最早可追溯到 20 世纪 50 年代的《拉德克利夫报告》（*Radcliffe Report*）和可贷基金学说（credit availability doctrine），而真正的信贷传导的各种理论则形成于 20 世纪 70 年代之后，以 Stiglitz 和 Weiss（1981）的均衡信贷配给理论（equilibrium rationing theory）以及 Bernanke 和 Blinder（1988）的 CC-LM 模型最具代表性。其中，建立于信息经济学和非完全竞争微观经济学基础之上的 Stiglitz 和 Weiss（1981）的均衡信贷配给理论认为在存在信息不对称的情况下，利率本身可以通过逆向选择效应和激励效应筛选和影响借款人的行为进而对贷款项目的风险程度产生影响。此后，大量学者对 Stiglitz 和 Weiss（1981）的均衡信贷配给理论进行了进一步的分析，如 Guttentag 和 Herring（1986）通过进一步分析，发现道德风险始终存在。de Meza 和 Webb（1988）则认为该理论中项目预期投资回报率相同的前提过于理想化，现实中，风险和预期的投资回报率因借款人的不同而均不相同，他们认为，在金融机构无法辨别借款人的质量时，只能依照借款人的平均质量对其提供信贷。

信贷传导途径发生作用主要通过资产负债表渠道（balance-sheet channel）和银行贷款渠道（bank lending channel）（Bernanke and Gertler，1995）。

在资产负债途径即净财富途径下，货币政策又可以从现金流和资本价值两个方面影响企业的资产负债。具体而言，一方面，从现金流角度看，紧缩的货币政策导致借款者的利息成本增加，企业的净现金流减少；另一方面，在紧缩性货币政策下，消费者支出减少，企业收入下降，企业资金来源缩减导致企业的净现金流也会减少。从资本价值角度看，紧缩性的货币政策导致股票价格下跌，现有资本价值降低。货币政策的具体传导过程可表述为

$$M\downarrow=>P_e\downarrow$$
$$NCF\downarrow=>逆向选择和道德风险\uparrow=>贷款\downarrow=>投资\downarrow=>Y\downarrow$$

其中，$M\downarrow$代表紧缩性货币政策操作；$P_e\downarrow$表示伴随紧缩性货币政策的实施资

本价值的下降；NCF↓表示企业的净现金流减少；Y↓表示产出下降。

在银行贷款途径下，紧缩性货币政策导致依赖银行贷款获得大部分资金的企业不得不减少其投资支出，从而导致产出下降。具体可以表述如下：

$$M↓ => 银行储蓄存款↓ => 银行贷款↓ => 投资↓ => Y↓$$

其中，M↓代表紧缩性货币政策操作。在紧缩性货币政策下，银行体系的储备金减少，银行储蓄存款下降，银行的可贷资金减少，贷款下降，进而导致依赖银行的借款者不得不减少投资支出，最终导致产出下降。

3. 资产价格传导机制

货币政策的资产价格传导是指中央银行的货币政策操作通过各种金融资产（如股票、债券、外汇、期货等金融产品）的价格变动影响国民经济活动，最终实现货币政策操作的目标。

中央银行货币政策的资产价格传导是货币政策作用于实体经济的重要渠道之一，而资产价格对货币政策传导的相关研究也早已引起西方经济学家及研究领域的普遍关注，并已逐步形成了极具代表性的托宾 Q 理论（Tobin，1969）、财富效应理论（Modigliani，1971）、信贷约束理论（Tobin，1978）及流动性效应理论（Amihud and Mendelson，1986）等较为系统的理论学说。但其最主要的基础理论是托宾 Q 理论（Tobin，1969）和财富效应理论（Modigliani，1971）。Tobin（1969）把"Q"定义为企业市场价值与资本重置成本之比，"Q"值高意味着企业市场价值高于资本的重置成本，厂商将会积极增加投资支出并追加资本存量；反之，厂商对新的投资就不会有积极性。货币政策的托宾 Q 效应的传导渠道可以表示为

$$M↓ => R↑ => P_e↓ => Q↓ => 投资↓ => Y↓$$

其中，M↓代表紧缩性货币政策操作；R↑代表实际利率的上升；P_e↓表示伴随紧缩性货币政策的实施资本价值的下降；Y↓表示产出下降。而 Modigliani（1971）所推崇的货币政策通过影响消费者的财富进而影响消费，最终导致产出的变化。他认为消费主要由当期收入和总资产两个因素决定，总资产包括实物资产、金融资产和人力资本，而金融资产的一大部分是普通股。当中央银行实施紧缩性货币政策时，股票价格和其他资产价格下降，总资产水平随之下降，因此消费者会相应地减少消费，导致产出下降。货币政策的财富传导渠道可以表述为

$$M\downarrow => P_e\downarrow => 财富\downarrow => 消费\downarrow => Y\downarrow$$

其中，$M\downarrow$ 代表紧缩性货币政策操作；$P_e\downarrow$ 表示伴随紧缩性货币政策的实施资本价值的下降；$Y\downarrow$ 表示产出下降。

货币学派则认为，中央银行货币政策主要通过资产之间的替代效应对资产价格产生影响，进而导致投资支出的变化。以紧缩性货币政策为例，货币政策的资产价格传导渠道具体可以表述如下：

$$M\downarrow => 银行储蓄存款\downarrow => 银行贷款\downarrow => 投资\downarrow => Y\downarrow$$

其中，$M\downarrow$ 代表紧缩性货币政策操作。在紧缩性货币政策下，银行体系的储备金减少，银行储蓄存款下降，银行的可贷资金减少，贷款下降，进而导致依赖银行的借款者不得不减少投资支出，最终导致产出下降。

4. 汇率传导机制

伴随经济全球化趋势的加强和浮动汇率制度的确立，货币政策通过影响汇率水平，并进一步影响净出口和总产出水平，引起人们的日益关注。

已有研究表明，汇率传导机制在货币政策影响国内经济活动过程中发挥了重要作用（Taylor，1993）。在资本自由流动的条件下，当一国的实际利率上升时，人们会大量抛售外币并购入本币，从而导致汇率上升，同一商品价格在本国的价格高于外国，从而净资产下降，最终导致本国产出下降。通过汇率途径的传导过程可表示为

$$M\downarrow => R\uparrow => E\uparrow => NX\downarrow => Y\downarrow$$

其中，$M\downarrow$ 代表紧缩性货币政策操作；$R\uparrow$ 代表实际利率的上升；$E\uparrow$ 表示汇率的上升；$NX\downarrow$ 表示净资产的下降；$Y\downarrow$ 表示产出下降。

5. 预期传导机制

中央银行货币政策的调整操作会改变投资者与市场未来预期进而反映在利率期限结构以及金融市场资产价格之中。近年来，预期对货币政策实施效果的影响以及对货币政策的传导已经引起了研究者和政策制定机构的共同关注。早期提出预期思想的是凯恩斯，他在著作《货币改革论》、《货币论》及《就业、利息和货币通论》等经典著作中均涉及了预期理论，主要强调无法预期的不确定性对人们经济行为的重要影响作用。尤其在《就业、利息和货币通论》中对公众预期在货币政策及经济波动中的重要性进行了较为细致的

讨论。随后理性预期学派的代表人物之一 Lucus 倡导和发展了理性预期与宏观经济学的运用，并将理性预期理论引入货币政策分析框架之中，阐明了只有未预期到的通货膨胀才会对经济产生影响。之后，Ireland（2005）、Barro 和 Gordon（1983）等进一步对预期理论进行了深入的研究探讨。

与利率传导机制相类似，预期对货币政策的传导途径可表示为

$$M\downarrow=>SR\uparrow=>LR\uparrow=>I\downarrow=>Y\downarrow$$

其中，$M\downarrow$ 代表紧缩性货币政策操作；$SR\uparrow$ 代表利率期限结构中市场即期短期利率的上升；$LR\uparrow$ 表示公众通过预期判断长期利率的上升；$I\downarrow$ 表示投资下降；$Y\downarrow$ 表示产出下降。

2.1.2　货币政策调整与资产价格波动关联机理

1. 货币政策影响资产价格的理论机理

1）预期

中央银行利率政策的调整会以一种政策信号的形式改变股票市场投资者对经济未来运行的预期进而反映在即期股票价格之中。具体而言，中央银行利率降低政策的宣布，对市场和投资者意味着宏观经济管理当局对市场注入流动性，刺激经济发展信号的释放。此时，如果市场和投资者所预期的利率比实际调整的利率低，那么此次中央银行所采取的扩张性的货币政策不仅不会助推股票价格的上涨，反而会导致股票价格的下跌。中央银行执行升息政策的宣布，则对市场和投资者传递了宏观管理当局要抑制当前经济过热，实现未来宏观经济平稳增长的信号。此时，如果市场和投资者预期中的利率高于实际操作的利率，市场和投资者预期未来经济的发展会更好，那么中央银行所操作的紧缩性货币政策反而会导致股票价格的上升。总之，市场和相关投资者会依据中央银行货币政策操作中所释放的经济政策信号，改变其对经济未来的预期，进而调整所持有的包括股票、外汇和债券在内的投资组合。投资者为获得更多收益而对股票的抛售，抑或买进持有，会导致股票市场上的资金供给量缩减或增加，最终表现为即期股票价格的涨跌变动。

2）宣告效应

我国中央银行现有货币政策工具中，除公开市场操作（open market operations，OMO）外，其余货币政策工具的调整操作均为非规则性调整宣告，对市场和投资者而言均具有绝对的机密性。因此在非规则的政策信息调整宣布后，股票市场资产价格受其影响通常会产生较大的波动。

3）企业融资成本

中央银行下调利率，在其他条件不变的情况下，企业融资成本降低，企业的利息负担也随之减轻，生产经营成本也相应降低，这些因素均导致企业所获利润上升。股票分红派息增加，从而导致股票价格上涨；相反，中央银行上调利率，在其他条件不变的情况下，企业融资成本上升，利息负担加重，所获利润必然下滑，从而导致股票分红派息减少，股票价格下跌。

4）股票定价效应

股息贴现模型（dividend discount model）表明，股票的内在价值主要决定于未来的现金流和贴现率。其中，在风险一定的条件下，其与贴现率成反比。例如，中央银行上调基准利率，风险不变的条件下，贴现率随之上升，导致股票内在价值下降，最终表现为股票价格的下跌；反之，当中央银行下调利率时，股票价格上涨。

2. 资产价格影响货币政策的理论机理

1）金融加速器效应

金融加速器理论（Bernanke et al.，1998）是指信贷市场的信息不对称会引起借贷双方的代理成本，从而使企业资产负债状况发生改变，进而引起投资的改变，并进一步引起下一期产量的变化，造成更大的经济波动。具体到资产价格对货币政策的影响表现为：金融市场资产价格波动首先影响抵押品的资产价值，进而影响企业投资的增加或减少，进一步影响资产价格的上升或下降。例如，资产价格上升，抵押品资产价值上升，企业信贷额上升，企业投资增加，最终导致资产价格上升。

2）金融机构资产负债表效应

金融机构资产负债表效应是指资产价格的变化会引起金融机构净财富值的变化，进而影响到金融机构流动性及其信贷投放能力。例如，资产价格上升，金融机构净财富值增加，金融机构资产负债状况良好，流动性增加，信贷投放加大；反之，当资产价格下降时，金融机构净财富值下降，流动性不足，信贷投放减少。

3）资产价格对货币需求的影响

资产价格对货币需求的影响主要是通过直接渠道——财富效应、托宾 Q 效应与间接渠道——信贷约束的投资渠道对消费和投资支出产生影响，进而影响到金融信贷调整供需与实体经济中的供求平衡，最终对金融体系的稳定产生威胁。

2.1.3 金融信贷视角下，货币政策、资产价格与宏观经济的风险传导机理

金融信贷调整是衔接资产价格波动与宏观经济、金融稳定的重要枢纽。金融信贷调整与资产价格波动之间的风险联动关系极易成为引发资产价格泡沫、金融不稳定乃至经济不稳定的主要诱因。图 2-1 展示了金融信贷视角下宏观经济运行与资产价格波动的关联机理图。

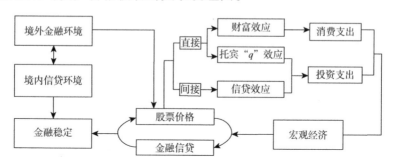

图 2-1 金融信贷视角下宏观经济运行与资产价格波动的关联机理图

图 2-1 表明，货币政策、资产价格与宏观经济之间存在着影响与反馈的关联作用。具体而言：①由资产价格到宏观经济运行的传导，主要是通过直接渠道——财富效应、托宾 Q 效应与间接渠道——信贷约束的投资渠道对消费和投资支出产生影响，进而影响到宏观经济运行以及金融信贷调整供需与实体经济中的供求平衡，最终对金融体系的稳定产生威胁。②利率、货币供应量及金融信贷规模构成的境内信贷环境影响资产价格的变动，宽松的利率、货币供应量与金融信贷规模将推动资产价格的上涨，反之则会抑制

资产价格的上涨；而资产价格与信贷环境变量之间的潜在内生性又会导致信贷环境变量因资产价格的变动而变动。③金融信贷调整扩张或收缩推动或抑制资产价格的上涨，而资产价格上涨又会导致信用规模扩张，下跌则会导致银行信贷紧缩；同时，资产价格与金融信贷之间的异常波动会直接引起金融体系的不稳定（Bordo and Olivier，2002）。④资产价格波动与国内信贷环境之间的风险传递将进一步与境外金融体系传导互动，并扩散至金融系统与宏观经济运行当中，通过影响金融体系的稳定进而影响到宏观经济的稳定。

2.1.4　金融危机的货币政策救助机理

1. 运用扩张性货币政策缓解流动性压力

金融危机时期，流动性短缺是金融体系面临的主要困难。中央银行运用降息等扩张性的货币政策向金融机构及市场注入流动性，缓解金融机构流动性，降低危机时期的资金获得成本，避免危机恶化。其中，利率是危机管理初期货币政策的最早反应方式（彭兴韵，2009）。从表 2-1 所示的 2007 年 8 月至 2008 年 12 月美国联邦储备系统（简称美联储）基准利率与再贴现率的历次调整可以看到，在 2007 年 9 月，次贷危机蔓延刚刚起步时，美联储便开始降低联邦基准利率，此后，随着危机的进一步深化，美联储又进行了多次降息，使联邦基准利率在短短 1 年左右降低了 5 个百分点。

表 2-1　2007 年 8 月至 2008 年 12 月美联储基准利率与再贴现率的历次调整

时间	联邦基准利率	下调幅度/基点	再贴现率	下调幅度/基点	与基准利率的差幅
2007 年 4 月 17 日	—	—	5.75%	50	50
2007 年 9 月 18 日	4.75%	50	5.25%	50	50
2007 年 10 月 31 日	4.50%	25	5.00%	75	50
2007 年 12 月 11 日	4.25%	25	4.75%	25	50
2008 年 1 月 22 日	3.50%	75	4.00%	75	50
2008 年 1 月 30 日	3.00%	50	3.50%	50	50

续表

时间	联邦基准利率	下调幅度/基点	再贴现率	下调幅度/基点	与基准利率的差幅
2008 年 3 月 16 日	—	—	3.25%	25	25
2008 年 3 月 18 日	2.25%	75	2.50%	75	25
2008 年 4 月 30 日	2.00%	25	2.25%	25	25
2008 年 10 月 8 日	1.50%	50	1.75%	50	25
2008 年 10 月 29 日	1.00%	50	1.25%	50	25
2008 年 12 月 16 日	0~0.25%	75~100	0.50%	75	25

资料来源：美联储网站

2. 运用紧缩性货币政策缓解货币危机时期外汇市场压力

在货币危机时期，中央银行通过运用紧缩性货币政策提高我国利率，在其他国家利率不变的条件下，利差的扩大将导致本国外汇市场资本流入增加，货币贬值压力下降。例如，在亚洲金融危机期间，印度尼西亚、韩国、马来西亚等都采取了紧缩性的货币政策。但是，值得注意的是，紧缩性货币政策的实施将会增加融资成本，进而影响危机国的投资和产出水平，不利于经济复苏。

3. 运用国际协调的货币政策救助有效控制政策的负向跨国溢出

经济、金融及政治全球化背景下，金融危机与宏观经济政策的跨国传染日益显著，为避免由政策的国际溢出而导致的政策矛盾或负面的放大刺激作用，国际救助政策的协调与合作已经成为金融危机管理的必要组成部分（Neely，2015；Panico and Purificato，2013；Bruno and Shin，2015；BIS，2012；Gagnon et al，2011；彭兴韵，2009）。回顾相继爆发的次贷危机与欧债危机的救助实践，我们可以看到在雷曼兄弟破产之前，危机的负向溢出相对较小，破产之后，负向溢出大幅增加，对大部分国家产生了较大的负面影响，但随着全球大规模协调救助措施的出台，如全球经济体联合降息、联合向金融市场注入流动性、经济体之间的货币互换等措施，多数国家受到了政策宣布的正向跨境溢出效应（IMF，2009）。金融创新背景下，政策救助的国际协调成为遏制风险传染、控制政策负向溢出效应的有效途径。

2.2　货币政策与资产价格关联研究现状

伴随次贷危机和欧债危机的接踵而至，货币政策调整与资产价格波动关联性的问题再次成为国内外金融经济学领域研究的焦点问题。相关研究历时长、范围广，因而无论是在理论方法研究还是在实证研究方面都取得了值得借鉴的成果。在相关研究内容上，现有研究主要涉及信贷规模的扩张、紧缩与资产价格波动的关联以及由此关联如何引发金融系统性风险，货币政策调整与资产价格波动以及宏观经济调控与资产价格波动之间的关系。

2.2.1　货币政策调整与资产价格波动理论研究

在货币政策与资产价格的理论研究上，已经形成并构建了研究领域经典的理论、研究模型和方法。例如，套利定价理论（Ross，1976）、金融加速器模型（Bernanke et al.，1998）、金融加速器理论（Bernanke et al.，1998）等。最新的相关研究除运用传统的回归分析方法（Kuttner，2001）外，还偏重于运用金融计量经济学的技术手段考察变量之间的动态关系，如动态随机一般均衡（dynamic stochastic general equilibrium，DSGE）模型、广义自回归异方差（generalized autoregressive conditional heteroskedasticity，GARCH）模型、协整分析（cointegration，CI）、VAR、向量误差修正模型（vector error correction model，VECM）（Evans and Marshall，1998；Edelberg and Marshall，1996；Mehra，1996）等时间序列方法和模型也是模拟货币政策调整、宏观经济波动与资产价格波动的有效工具。

国内理论研究方面，郭田勇（2006）、郭金龙和李文军（2004）、易纲和王召（2002）、瞿强（2001）、苟文均（2000）的理论分析结果表明，金融资产价格对货币政策的调整会产生显著反应，反过来，货币政策传导过程中资产价格对消费、投资和金融体系也有一定影响。例如，郭田勇（2006）通过对资产价格与实体经济、通货膨胀之间关系机理的分析研究，发现资产价格波动对宏观经济、金融稳定具有显著影响，并在中央银行制定货币政策过程中起着重要作用，同时也论证了将资产价格作为货币政策调控目标存在的困难。

2.2.2　货币政策调整与资产价格波动计量研究

现有货币政策调整与资产价格波动的计量研究，其内容主要涉及货币政策宣布与资产价格波动的低频与高频分析、中央银行对资产价格的干预程度、规律性与非规律性货币政策宣布的市场效果等方面，具体总结介绍如下。

1. 经济信息的预期效应对资产价格波动的影响研究

现有研究表明，可预见到的经济信息对资产价格的冲击较小，而未预见到的经济信息对资产价格和市场波动性会产生较强的影响（Ravn，2014；Vithessonthi and Techarongrojwong，2013；Bernanke and Kuttner，2003；Adams et al.，2004；Kuttner，2001；Chen，1991；Chen et al.，1986）。在分析经济政策信息与资产价格波动关联作用的过程中，对政策信息宣告的预期作用不容忽视。如果对经济政策调整中的可预见部分与不可预见部分不加区分，就必然会低估或者错判政策调整对资产价格波动的实际影响（Bernanke and Kuttner，2003）。预期的存在，使规律性与非规律性调控信息对资产价格波动的影响迥异（Bomfim，2003；Fleming and Remolona，1999；Andersen and Bollerslev，1998；Li and Engle，1998；Kim and Verrecchia，1994；Ederington and Lee，1993）。例如，Adams 等（2004）、Andersen 等（2003a）、Li 和 Engle（1998）实证分析国债期货、股票、汇率及债券市场对宏观经济宣布的反应，表明宏观经济宣布具有不对称性效应，未预见的宏观经济变动对股票市场有显著负影响。

2. 基于不同频率数据的货币政策调整与资产价格波动关系的研究

近年来，相关研究通过采用不同频率的资产价格数据，包括以低频的月度、日度及高频的分钟、秒为间隔的各类数据为样本对货币政策调整与资产价格波动的关系做了更加深入细致的刻画。

冯科（2010）、孙巍（2010）、周晖（2010）、王擎和韩鑫韬（2009）等

基于货币政策的资产价格传导理论，借助资产价格月度数据对资产价格与货币政策之间的相互影响关系进行的分析表明，资产价格波动对货币政策的反应周期为 2~7 个月，认为中央银行对货币政策制定与操作的完善应该加大对股票市场的关注度，可以通过调控宏观经济等方式对股票价格和房地产价格进行间接的调控，而没有必要直接进行干预。聂玉梅等（2012）、强林飞等（2010）、周晖（2010）等借助联立方程模型、面板分析技术和 VAR 模型的实证分析研究结果显示，资产价格的上涨会带来通货膨胀率的显著上升，股票价格已经成为经济发展的晴雨表，而宏观经济环境是影响房地产市场的最关键因素，货币政策可以通过调控宏观经济间接调控股票市场资产价格。梁爽（2010）、刘文超和韩非（2010）、苗文龙（2010）、周京奎（2005）等以月度股票价格和房地产价格为例，通过对货币政策与资产价格关联关系的分析发现，资产价格与货币政策存在双向的互动效果，单以货币政策操作效果角度而言，资产价格对中央银行货币政策的调整操作表现出积极及时的反应。Chowdhury 和 Rahman（2004）、Andersen 等（2003b）、Flanneyr 和 Protopapadakis（2002）、Muradoglu 等（2000）、Fleming 和 Remolona（1997）、Lee（1992）、Fama（1990）等基于日数据借助 GARCH、VAR 等方法分析了宏观经济波动与资产价格波动的关系。最后表明，美国股票回报与通货膨胀之间存在负相关关系，孟加拉国宏观经济的波动会导致股票市场明显波动，股票收益率和宏观经济变量之间的显著关系源于各股票市场的相对规模及与世界市场的一体化。王军波和邓述慧（1999）、卢涛等（2006）、孙伶俐（2008）等基于金融市场日数据，运用传统事件研究方法分析了中央银行货币政策调整对股票价格及市场流动性的宣告效应。研究发现，在短期内，利率政策调整宣布对股票市场资产价格及其波动影响显著，但其操作效果与经济理论相反，而长期则趋于稳定。Rosa（2011）、Lu 等（2009）、Andersen 等（2007）、Fair（2002，2003）、Ederington 和 Lee（1993）等基于金融市场日内高频交易数据，对股票市场、汇率市场、期货市场及债券市场与货币政策及宏观经济信息宣布的关系进行了细致分析。研究发现股票、债券及汇率市场的高频反应具有动态相依性，股票市场对宏观经济信息的不同反应情况取决于商业周期。相对股票市场和汇率市场而言，债券市场对宏观经济宣布的反应最为显著。

2.2.3　金融危机救助中的货币政策调整与资产价格波动关联研究

1. 金融危机的货币政策救助长期效果研究

危机救助期间，宽松的货币政策不仅增加了实体经济的流动性，还弱化了融资成本的增加。次贷危机后，2014 年 4 月的世界经济概览数据显示，尽管 2009 年全球真实 GDP（gross doemestic product，国内生产总值）增长率仍然为负值，但是，亚洲新兴市场和发展中国家保持了良好的增长态势，2010 年全球增长率由负转正，亚洲新兴市场和发展中国家复苏速度先于发达国家而成为全球经济体复苏的引擎，已有相关研究结果也表明货币政策的干预对金融体系恢复稳定至关重要（Chen et al.，2016；Georgiadis，2016；Fiordelisi et al.，2014；Lothian，2014；Ricci，2015；Eijffinger and Karatas，2012；Hong and Tang，2012；Laeven and Valencia，2012；Mishkin，2009；Spilimbergo et al.，2009）。

已有文献对危机救助政策的长期效果方面的研究，主要包括对亚洲金融危机期间货币政策效果（Caporale et al.，2005）、欧元区中央银行货币政策操作与效果（Abbassi and Linzert，2011；Hielscher and Eichler，2012）、次贷危机中逆周期政策的调控与效果（Lothian，2014；Hong and Tang，2012；Mishkin，2009）、发达经济体与新兴经济体金融危机救助中政府作用以及金融危机救助措施（Eijffinger and Karatas，2012；Laeven and Valencia，2012；Friedman and Kuttner，2010；Mishkin，2009；Kindleberger，2006；Goodhart and Schoenmaker，1995）、货币政策救助的溢出效应（Chen et al.，2016；Georgiadis，2016；Dekle and Hamada，2015；Rogers et al.，2014；Bordo and Lane，2013；Borio and Disyatat，2011；World Bank，2010）的相关研究。例如，Mishkin（2009）认为，面对估值风险与宏观经济风险并存的金融不稳定，货币政策可以达到一箭双雕的效果，在缩小估值风险的同时降低宏观经济风险，遏制整个经济陷入衰退甚至萧条。但为避免由通胀预期导致未来更严重的通货膨胀的发生，在实施宽松货币政策之前，中央银行须借助政策信息公开等方式赢得市场与公众的信任。Barrell 等（2009）应用国际宏观经济模型，调查了税收的改变引发的经济效应。通过比较直接税收的变动、间接税收的变动及一次性支付等财政手段对 GDP 的影响，对由此产生的乘数效应和政策协调做出评估，得出释放借贷限制是应对银行业危机的重要一步。国内有关金融危机与救助政策之间关系的研究主要包括对政府救助必要性的研究、金融危机的救助措施研究及金融危机的救助效果研究（周小川，2012；程棵等，2012；苗永旺和王亮亮，2009；赵静梅，2008）。例如，在次贷危机中，美国政府低息贷款、紧急注资、接管 AIG（American International Group，美国国际集团）等诸多政府救助措施在一定程度上遏制了金融危机的恶化与蔓延。当然，研究领域中还有大量认为政府干预无效或负向影响的研究（Taylor，2009，2011；Hutchison et al.，2010；Krugman，2008）。例如，危机救助中财政刺激往往会产生抵消效应（Bulir and Swiston，2009）、大量借贷导致的税务负担加重、通货膨胀风险增加（魏琪，2013）、价格扭曲（Chari and Kehoe，1999）等。Taylor（2009）的研究表明，美国政府对金融机构的误判，不仅弱化了其救助效果，在一定程度上还促使了危机的恶化。然而，尽管宽松的货币政策使通胀风险上升，但是，危机时期，受金融加速器效应的影响，经济的大幅衰退导致资产的不确定性增加，而更大的资产不确定性意味着经济将陷入更加严重的衰退与萧条。与政策救助的国内效果不同的是，在经济、金融及政治全球化背景下，金融危机与宏观经济政策的跨国传染日益显著。IMF（2009）研究发现雷曼兄弟破产之前，危机的负向溢出相对较小，破产之后，负向溢出大幅增加，对大部分国家产生了较大的负面影响，但随着全球大规模救助措施的出台，多数国家受到了政策宣布的正向跨境溢出效应影响。World Bank（2010）指出2010年东亚各发展中国家经济增长已普遍恢复到危机前的水平，但美国量化宽松政策的溢出效应使东亚各国不得不面对大量资本流入和不断增大的货币升值压力。Bordo 和 Lane（2013）、Borio 和 Disyatat（2011）分析发现发达国家的货币政策跨国溢出对其他新兴市场国家产生了较大的负面影响。Q. Y. Chen 等（2016，2012）、Rogers 等（2014）分析了美国、英国、欧元区域、日本非常规救助措施的国际溢出效应。Dekle 和 Hamada（2015）借助 VAR 模型分析了日本货币政策对美国产出缺口的溢出效应。

2. 金融危机的货币政策救助短期宣告效果研究

救助政策推出时机的选择是影响金融危机救助效果的重要因素之一，及时且透明度高的危机救助计划的推出会切断危机传导的链条，稳定市场与公众的信心，降低危机的深度和广度，如北欧 20 世纪 90 年代金融危机救助的成功先例，而美国 20 世纪 80 年代的储蓄信贷机构危机和日本 20 世纪 90 年代的银行危机由于其拯救计划推出不及时，不良资产上升，危机迅速恶化。

已有相关研究中，关于救助政策短期宣告效果方面的研究文献较多，涉及非常规救助政策效果，如与量化宽松相关的新闻事件、联邦公开市场操作委员会的声明及其成员的演讲等非常规货币政策事件的宣布效果（Neely，2015；Bauer and Neely，2014；Gagnon et al.，2011），单一货币政策救助效果，如单一国家的利率宣布、美联储短期贷款拍卖（term auction facility，TAF）、货币互换合约、财务重组公告等单一政策操作的效果（Taylor and Williams，2009；McAndrews et al.，2008），多种救助政策效果（Fiordelisi et al.，2014；Ricci，2015；Yin and Yang，2013；Aït-Sahalia et al.，2012）。但是研究样本和方法等的差异导致既有文献的研究结果并不一致。

在研究内容上，Neely（2015）、Gagnon 等（2011）分析了与量化宽松相关的新闻稿、联邦公开市场操作委员会的声明及其成员的演讲等非常规货币政策事件的宣布效果，他们的研究认为，非常规货币政策对国外债券收益率表现出显著的负面影响，中央银行应协调其非常规政策，以避免矛盾或放大刺激作用。Taylor 和 Williams（2009）借助期限结构的无套利模型，分析了美联储 TAF 的政策效果，研究发现，TAF 对 LIBOR（London interbank Offered Rate，伦敦同业拆借利率）与隔夜利率之间利差的降低并未表现出显著影响，此结论与 McAndrews 等（2008）的研究结论相反。McAndrews 等（2008）在其研究中强调了美联储与其他中央银行货币互换的重要性。Aït-Sahalia 等（2012）以 LIBOR 与 OIS（overnight indexed swaps，隔夜指数掉期）之间的利差作为危机的代理变量（Taylor，2009），分析了 2007 年 6 月 1 日至 2009 年 3 月 31 日美国、英国、日本和欧元区危机期间经济金融政策宣告效应，发现危机期间市场对政策的反应依赖于市场参与者对政策的解读。对于跨国政策的分析，他们使用各国货币 LIBOR 与 OIS 之间的利差为代理变量，衡量混合结果在多大程度上由特定国家的公告决定，并衡量政策宣布的跨国溢出效应。研究表明，对市场而言，降息与银行资本重组是应对危机中最有效的措施。国内流动性支持对缓解银行间市场压力的作用甚微。国内政策对国外银行间市场的流动性风险溢价具有显著影响，政策宣布的国际溢出效应随着危机的加深与政策制定者加紧恢复金融稳定的政策出台而增强，即当危机成为全球性危机时，最有利于恢复市场信心的政策是国际协调政策。此结论与 Taylor 和 Williams（2009）的研究一致。此外，危机期间金融部门的政策显著增强了银行间市场的流动性风险溢价。Yin 和 Yang（2013）对美国货币政策在危机中的效果进行了研究，发现货币政策干预效果在跨银行间存在显著差异，且被投资者认为安全性较低的银行对货币政策操作更为敏感。Fiordelisi 等（2014）借助事件研究方法分析了 2007 年 6 月 1 日至 2012 年 6 月 30 日货币政策对银行间市场、股票指数与全球系统重要银行（global systemically important banks，G-SIBS）股价的影响。研究表明，在金融体系恢复稳定方面，货币政策的干预扮演了重要角色。全球系统重要银行股价与宽松的货币政策显著正相关。随后，Ricci（2015）在 Fiordelisi 等（2014）的基础上，借助事件研究法分析了 2007 年 7 月至 2013 年 7 月货币政策对 28 家欧洲大银行上市公司股票价格的影响，发现大银行上市公司股票对非常规政策的干预较利率政策更为敏感，相关经济体政策的溢出效应明显，如欧洲银行对美联储的扩张性货币政策表现为显著的正向反应，此结论与 Kim 等（2015）一致。此外，还考虑了跨银行间反应的差异及其差异的决定因素。

综上所述，在金融危机救助过程中，不仅需要考虑救助政策的正向效果，还需充分考量其可能产生的负向效果及风险。政策的选择需要在短期效益和长期效益综合平衡的原则下全盘权衡。

2.2.4　金融危机救助的货币政策与国际协调配合研究

1. 金融危机救助的国际协调理论研究

在国际宏观经济政策协调理论研究中，Meade（1951）最早提出了国际宏观经济政策协调的重要性。随后 Hamada（1976）、Canzoneri 和 Gray（1985）等对国际政策协调重要性的论证进行了长足的发展，并基于博弈论进行了国际政策协调的最优政策分析。

Cooper（1969）在其结构性相互依存理论中提出了货币政策的溢出效应，并发现在开放经济下，政策制定若不考虑国际的协调，将会削弱政策最终的实施效果。Hamada（1976）基于博弈论对国际政策协调的研究表明，国际政策协调较非合作时各国福利水平得到改善。Walsh（2000）将 Hamada

模型扩展应用到货币政策的协调合作中，分析表明合作政策较非合作政策能够产生更多的收益。此外，Tobin（1978）、Obstfeld 和 Rogoff（1995）等分析了国际货币政策协调机制，提出固定汇率制、汇率目标区，以及征收全球外汇交易税、建立世界性中央银行等政策协调的规则与设想。其中，Obstfeld 和 Rogoff（1995）将垄断竞争和名义价格黏性纳入 DSGE，开创了新开放经济宏观经济学（new open-economy macro economics，NOEM）的理论体系，并对国际货币政策协调的有效性进行了系统性研究。随后，研究领域通过放宽 NOEM 在垄断程度、定价方式、市场结构等方面的假定，使国际货币政策协调理论得到了长足的发展。次贷危机以来，有关国际协调救助的理论研究主要考虑了更多的风险因素的均衡与协调。例如，Ahdieh（2010）研究认为实现金融市场的均衡是有效解决危机的根本，在此基础上，依据危机产生的显著性特点选择最优政策和制度。Menguy（2011）比较研究了封闭经济体与货币联盟成员国的高债务水平与货币当局在通胀和违约风险之间的权衡，发现货币联盟成员国有着更为严格的预算约束，共同的中央银行只是在为了避免违约行为发生时才会选择更为宽松的货币政策。Gray（2013）基于国际货币政策协调的基本原理，构建了包括美国、日本等国家在内的多国模型。

2. 金融危机救助的国际协调效果研究

在金融危机的国际协调效果方面，已有文献研究结论差异较大。一类认为危机的国际协调救助有助于走出危机、恢复经济。McKinnon（1999）的研究表明汇率协调将有助于走出东亚危机。IMF（2009）对国际财政政策合作效果的分析表明，国际联合救助产生的财政政策累积效应大于单独实行财政政策的累积效应。Panico 和 Purificato（2013）的研究表明欧元区应对危机的政策协调机制的缺乏最终加强了成员国和欧洲当局之间的冲突。在经济恢复的过程中，必须考虑政策的不确定性，并积极寻求对整个区域最有效的政策。另一类从跨国政策的负向溢出角度认为危机救助中国际协调易导致巨大的外部性。例如，World Bank（2010）指出2010年东亚各发展中国家经济增长已普遍恢复到危机前的水平，但因美国量化宽松政策的溢出效应，东亚各国不得不面对大量资本流入和不断增大的货币升值压力。Sakovics 和 Steiner（2012）认为协调失败会产生巨大的社会成本，由于外部性的存在，协调过程中对复杂而繁多的影响因子的区别尤为重要，因为每一个因子变动都会影响其他因子打破均衡，在选定模型下对计划、补贴及直觉等因子的分析明确了在协调和代理异构间干预的最优目标。Matthews（2010）研究了当前全球金融在协调和竞争中所面临的三大趋势，指出全球金融协调性在降低，而竞争性在增强。国际惯例对此提供了一些有效务实的解决方案，然而国际的政策摩擦使全球金融风险在提升，因此建立真正的国际协议迫在眉睫。Barrell等（2011）通过 MNL（multinomial logit，多类别逻辑）模型，依据 2005 年的 GDP 权重建立了一个能够表明危机发生的权重变量，得出经济合作与发展组织国家发生危机时，金融危机的风险会显著增强，进一步指出危机上升是源于资本的不充足和流动性较低，全球金融监管协调对减少风险至关重要。Bernanke（2013）认为在非通胀持续增长阶段，国际政策协调对此阶段经济稳定无意义，国际货币体系正在寻求建立一种国际合作均衡模式。Borio 和 Disyatat（2011）、Bordo 和 Lane（2013）分析研究了跨国货币政策溢出效应对不同国家的负面影响，货币政策溢出效应和国际货币政策协调备受关注（BIS，2012；Bruno and Shin，2015）。例如，Bordo 和 Lane（2013）研究发现发达国家货币政策的溢出效应对新兴市场经济体的货币及其经济产生了不利影响。且其实证分析表明，大约在 2002 年前货币政策已经偏离了最优政策路径。Carabenciov 等（2013）对货币政策溢出效应和国际货币政策协调持争议态度，认为货币政策一直以来都是各国面向国内目标的政策手段。

3. 金融危机救助的货币政策与国际协调配合研究

次贷危机爆发前的货币政策与国际协调配合大多基于 Hamada（1976）的早期理论，借助多国货币模型对国际协调的收益进行实证分析。研究结果大致分为三类：第一类认为在浮动汇率制度下，如果各国中央银行都采取以长期价格稳定为目标规则导向的货币政策，那么中央银行之间的政策协调几乎没有超额收益（Corsetti and Pesenti，2005；Reinikka and Svensson，2004；Obstfeld and Rogoff，2002；Taylor，1993）。第二类研究结果认为当各国经济存在结构性差异或市场分割时，货币政策协调有显著的福利效果（Devereux，2006）。第三类则认为，当国际协调参与各方经济实力不对等，货币政策协调的成本超过福利收益时，货币政策成为非最优政策，其国际协调就可能是逆效的（Rogoff，1985），即国际货币政策的逆效合作，而次贷危机爆发以来，在危机跨国传染日益显著的背景下，货币政策溢出效应和国际货币政策协调备受关注（BIS，2012；Bruno and Shin，2015）。"国内救助+国际协调"的国际联合救助方式不但在各国政府之间达成了共识，而且其空前的救援范围和规模取得了显著的效果（IMF，2009）。全球化背景下"国内救助+国际协调"的救助方式是避免经济金融紧密联系引致的不同国家之间救助措施的负面溢出，保障各国金融市场快速恢复正常运行的有效手段。但是，国际协调政策中巨大的社会成本、国际金融体系中发言权与地位分配失衡等问题也不容忽视（Engel，2015；Bordo and Lane，2013；Taylor，2013；Sakovics and Steiner，2012；Borio and Disyatat，2011；World Bank，2010）。World Bank（2010）、Borio 和 Disyatat（2011）、Bordo 和 Lane（2013）、Chen 等（2016）分析研究了货币政策的国际溢出对不同国家的影响，包括常规与非常规货币政策。他们的研究表明，美联储的货币政策对其他经济体的溢出效应显著，亟待货币政策的国际协调（Chen et al.，2016；BIS，2012；Bruno and Shin，2015；World Bank，2010）。

与国际研究相比，国内有关国际货币政策协调配合的早期研究，主要侧重于借助 Hamada 模型和 Mundell-Fleming-Dornbusch 范式对国际政策协调的必要性进行论证（袁鹰和涂志勇，2007；尹继志，2008；范从来和刘晓辉，2008；王叙果和陆凯旋，2009），随后集中于对第二代国际经济政策协调模型的比较与评价（陈云，2010；林峰，2010；汤铎铎，2008；宁昌会和毛传阳，2002）以及次贷危机以来日渐丰富的有关危机救助的国际协调必要性（孙国峰等，2016；何国华和谭炯，2014；吴婷婷，2011；王东，2009）、协调瓶颈（李霞和廖泽芳，2015）、协调机制（彭兴韵，2009）的研究。

2.3　资产价格波动与宏观经济运行关联研究现状

2.3.1　资产价格波动与宏观经济运行、货币政策操作关系的分析研究

现有对资产价格波动与货币政策、宏观经济运行关系的研究主要侧重于

对资产价格与实体经济之间关系机理的理论分析以及长期互动关系的实证分析。苟文均（2000）、瞿强（2001）、易纲和王召（2002）、郭金龙和李文军（2004）、吕江林（2005）等研究发现货币政策的调整会对金融资产价格产生显著影响，反之，资产价格波动对宏观经济、金融的稳定具有显著影响，且与实体经济之间存在协整关系和单向因果关系。

随着股票市场与房地产市场的快速发展及其规模的不断扩大，较多的相关研究表明，两类市场对我国经济增长的贡献度正在逐日提升（王晓芳和田军伟，2002；顾岚和刘长标，2001），其中，股市对通货膨胀的影响较房地产市场更为明显，且在对货币政策冲击的反应上股市也明显大于房地产市场（郭莹莹，2012）。但也有研究表明股票市场对推动经济增长的作用有限（孙华妤和马跃，2003），且中国股票市场的走势与实体经济发展存在背离，相对而言，房地产价格对消费和投资具有显著影响（崔光灿，2009）。此外，屠佳华和张洁（2005）、梁云芳和高铁梅（2007）等借助 VAR 和VECM 分析了房地产价格与宏观经济因素之间的影响关系，发现房地产价格对通货膨胀与产出具有显著影响，且在房价与通货膨胀、产出之间存在正反馈作用机制。赵振全和张宇（2003）、王松涛和刘洪玉（2009）、项后军和于洋（2012）、黄宪和王书朦（2013）研究发现我国资产价格在一定程度上与宏观影响因素之间存在长期关联关系，是传导货币政策信号的重要载体。我国货币政策通过影响资产价格从而作用于实体经济的效用不强，相反加剧了通胀压力。

在宏观经济宣布效果方面，冯玉梅和董合平（2007）、王云升和杨柳（2008）等借助改进的 AR（1）-EGARCH（1，1）-M、GARCH 等模型实证分析了我国宏观经济信息宣布对股票市场、债券市场及外汇市场资产价格波动的影响，发现公开市场操作宣告等宏观经济信息对股票市场资产价格及流动性有显著的影响；CPI 和商品零售价格指数对股票市场的收益有负向影响；GDP、社会消费品零售总额、公开市场操作利率变动率和企业景气指数对股票市场的收益有正向影响；宏观经济政策宣布对债券和外汇市场的影响较小。不过现有研究未考虑经济政策信息与资产价格之间潜在的内生关联，对经济政策信息的可预见与不可预见部分的区分涉及较少，对不同类型的经济信息与货币政策工具的异质性讨论不足，因而易导致对经济政策信息与资产价格之间的关联变化把握有失偏颇，也不易确定各类经济政策工具与资产价格之间关联影响的不同模式、程度与联系。

在宏观经济预期效应对资产价格波动的影响研究方面，现有研究表明，可预见到的经济信息对资产价格的冲击较小，而未预见到的经济信息对资产价格和市场波动性会产生较强的影响（Ravn，2014；Vithessonthi and Techarongrojwong，2013；Hoffmann，2013；Chang et al.，2011；Kalyvitis and Skotida，2010；Bernanke and Kuttner，2003；Adams et al.，2004；Kuttner，2001；Chen，1991；Chen et al.，1986）。在分析经济政策信息与资产价格波动关联作用的过程中，对政策信息宣告的预期作用不容忽视。如果对经济政策调整中的可预见部分与不可预见部分不加区分，就必然会低估或者错判政策调整对资产价格波动的实际影响（Bernanke and Kuttner，2003）。预期的存在，使规律性与非规律性调控信息对资产价格波动的影响迥异（Bomfim，2003；Fleming and Remolona，1999；Andersen and Bollerslev，1998；Ederington and Lee，1993；Kim and Verrecchia，1994；Li and Engle，1998）。例如，Li 和 Engle（1998）、Andersen 等（2003a）、Adams 等（2004）、Chang 等（2011）、Smales（2012）实证分析了国债期货、股票、汇率及债券市场对宏观经济宣布的反应，表明宏观经济宣布具有不对称性效应，未预见的宏观经济变动对股票市场有显著负影响。

2.3.2 金融信贷调整规模与宏观经济因素及资产价格波动关系的研究

金融信贷、资产价格与宏观经济之间重要的内生关联与反馈作用促使对它们之间的信息传导与相依互动的研究近年来得到了长足的发展。

X. S. Chen 等（2012）、Bostic 等（2009）、Carroll 等（2006）、Tang（2006）对美国、欧盟国家、日本、澳大利亚、加拿大等经济体房地产价格、股票价格与宏观经济变量进行了大量的实证检验，发现产出和资产价格的变动将导致利率与信贷的变动，房地产价格的财富效应大于金融资产财富效应，且房地产价值对消费的影响较证券价值更大，不过这一研究结论需要更多的研究来支撑。例如，Juster 等（2006）的研究结论恰与以上相反，他们的研究表明，对消费而言，股票价格产生的影响远大于房地产价格的影响。在较早的研究中，Allen 和 Gale（2000）提出了基于信贷扩张的资产价格泡沫模型，认为银行信贷的不确定性是资产价格泡沫形成的重要原因。
Chen（2001）研究发现，银行信贷对股票价格的波动具有显著的预测作用；
Boz 和 Mendoza（2014）、Golbeck 和 Linetsky（2013）、Gerdrup（2003）、
Borio 和 Lowe（2002）、Mishkin（1999）对金融资产价格与信贷风险关系的
研究表明，信用扩张、资产价格膨胀相互促进，并且导致实际经济领域的过
度投资，可能真正引发银行和金融危机。

国内有关金融信贷调整规模与宏观经济波动关系的研究主要包括信贷规
模对宏观经济的影响以及宏观经济波动对信贷风险的影响。潘敏和缪海斌
（2010）分析了我国信贷规模、结构等的变化对宏观经济运行的影响。研究
结果表明，金融信贷调整作为影响国内物价变动的主要因素，其规模的投放
对宏观经济的稳定与发展具有积极的推动作用。邱兆祥等（邱兆祥和王保
东，2008；邱兆祥和刘远亮，2011）、谭庆华和李黎（2009）、江曙霞和何
建勇（2011）通过分析宏观经济波动对银行信贷风险的影响发现：当宏观
经济下滑、通货紧缩、货币政策趋紧时，银行收缩信贷供给，居民收入减
少，还款意愿降低或无力还贷，企业融资困难，财务状况趋于恶化，不良
贷款率显著上升，信贷风险显著增加。已有研究表明资产价格上涨会导致
信用规模扩张，而资产价格下跌会导致银行信贷紧缩；反过来，信贷扩张会
推动资产价格上涨，信贷紧缩则会引致资产价格下跌。桂荷发（2004）、段
忠东（2007）、黄静（2010）、解陆一（2012）等借助动态条件相关多元广
义自回归条件异方差（dynamic conditional correlation multivariate generalized
auto-regressive conditional heteroskedasticity，DCC-MGARCH）模型动态相
关性分析、脉冲响应分析、格兰杰因果检验以及动态门限模型等方法实证分
析了金融信贷调整扩张、资产价格波动与金融危机之间的关联关系，发现金
融信贷调整与房地产价格之间存在长期双向因果关系，但与股票价格之间存
在由股票价格到银行信贷的单向因果关系。现有研究结论并不完全一致，也
存在一定分歧：解陆一（2012）发现反馈关系更多地表现为银行信贷对房地
产价格的因果关系，而黄静（2010）认为还尚未形成从信贷增长到房价上涨
和房地产投资增长的反馈机制。此外，严金海（2007）、王晓明（2010）的
研究表明银行信贷对房地产价格上涨具有正向推动作用，银行信贷资金过度
介入股票市场和房地产市场是资产价格大幅上涨和下跌的主要动因，而均衡
的银行贷款增长率则能够有效平抑资产价格波动。肖本华（2008）、张睿锋

（2009）借助改进的信贷扩张的资产价格泡沫模型（Allen and Gale，2000）分析了股票市场与房地产市场资产价格泡沫与信贷扩张的关系，发现信贷扩张对房地产价格上涨的推动作用较股票价格更大。马亚明和邵士妍（2012）对我国的信贷规模和资产价格波动的内在关联的理论与经验分析表明，在短期动态分析中，股票价格的上涨会导致银行信贷的扩张，而银行信贷的扩张又有助于股票价格的提升，且波动幅度更大。李连发和辛晓岱（2012）通过构建改进的包含银行和经济周期特征的 Svensson 模型，考察贷款损失推断偏差等因素导致的银行信贷扩张及其宏观效应，发现信贷总量的逆周期调控有助于减少宏观经济的波动和福利损失，且与存款准备金率存在协整关系。

此外，有关银行信贷变化、资产价格波动与宏观经济运行关联性方面的综合研究也有一定的进展，如周京奎（2005）、强林飞等（2010）、聂玉梅等（2012）借助联立方程模型、面板分析技术和 VAR 模型的实证分析发现，资产价格的上涨会带来通货膨胀率的显著上升，宏观经济环境是影响房地产市场的关键因素；资产价格上涨对银行信贷的扩张有显著影响，而银行信贷的变动也加大了资产价格波动，增加了产业风险；经济增长对银行信贷扩张有促进作用，而信贷总量于经济增长亦具有持续推动作用。田祥宇和闫丽瑞（2012）从内生影响角度分析信贷投放、货币供应、资产价格等对我国宏观经济运行的影响。结果表明，信贷渠道、货币渠道、资产价格渠道对经济增长和物价水平都会产生影响，但资产价格对我国宏观经济的影响日趋重要。

2.3.3　逆周期宏观审慎调控方案构建及效果研究

在应对国际金融危机中，我国经济在全球率先复苏，凸显了逆周期的宏观审慎调控方案对经济金融平稳运行的重要积极作用。伴随我国结合巴塞尔协议Ⅲ宏观审慎框架的初步建立，学术界对逆周期宏观审慎操作的相关研究日趋增多，主要包括逆周期调控必要性、逆周期宏观审慎操作框架或预警体系的构建研究等方面。

在逆周期调控的必要性方面，周小川（2011）分析了宏观审慎政策框架形成的背景、内在逻辑关系及主要内容的主线，并梳理了金融政策对本次金融危机的各种响应，更加明确了逆周期的宏观审慎政策的内涵及意义。李文泓（2009）、骆祚炎和肖祖星（2013）、梁浩东（2013）认为，针对金融体系的顺周期性，货币政策应该关注资产价格，研究引起资产价格波动的先行指标，并引入逆周期政策工具，如逆周期资本要求、杠杆率指标和前瞻性的拨备计提规则等。在金融体系中建立适当的逆周期机制，从而通过降低信贷活动、资产价格及整个经济的周期性波动来减小金融失衡，缓解系统性风险，最终达到维护金融稳定的目标。唐珂（2013）、王晓和李佳（2013）在总结归纳世界各主要国家宏观审慎政策制度框架发展趋势、特点及补偿机制的基础上，得出对我国宏观审慎管理的启示并提出相应建议。

在逆周期宏观审慎框架制定方面，刘志洋（2013）运用局部均衡分析方法构建理论模型，研究了银行信贷顺周期性的根源，证明了银行监管当局对资产风险权重和资本充足率的逆周期调控对银行信贷风险资产结构的影响。高国华（2013）构建多层次、多维度的宏观系统性风险度量指标框架，将其作为逆周期缓冲资本的指导变量。在识别系统性风险状态和判断逆周期资本工具的应用时点方面，引入 Markov 机制转移模型对周期转变和风险状态的阶段性变迁进行识别，为风险判别和逆周期监管建立系统性的定量分析方法作为支撑。方意等（2012）、王亮亮和苗永旺（2013）基于对银行风险承担、资产价格泡沫防范的研究，分析了货币政策与宏观审慎政策的协调问题。陆岷峰和葛虎（2011）、彭建刚和吕志华（2012）通过分析我国逆周期金融宏观审慎监管的框架体系与预警体系，认为我国金融宏观审慎管理制度框架体系应由逆周期的宏观调控机制、宏观审慎管理与微观审慎管理相结合的金融机构监管机制、系统性金融风险的动态预警机制三个方面构成，还应包括推行金融业宏观审慎管理制度的相关政策。

在逆周期调控效果方面，李楠等（2013）、吴言林等（2013）研究发现，提高监管资本和政府逆周期的宏观调控在一段时间内将减缓信贷增长或使银行信贷估计有偏。李成等（2013）选择反映金融监管的经济变量解析宏观审慎监管的效应，发现我国宏观审慎落实程度和金融监管目标实现程度均比较低，需要构建宏观审慎监管与宏观经济稳定的政策协调机制。黄宪和熊启跃（2013）对宏观经济波动与资本缓冲调整之间的传导效应的理论与实证分析结果表明，我国银行资本缓冲与宏观经济波动之间呈现正相关关系，资本缓冲对存款溢价的削弱作用更多地出现在经济下行阶段。

2.4　本 章 小 结

　　本章分析中央银行货币政策调整与资产价格波动的关联机理，随后对国内外已有货币政策调整与资产价格波动关联的研究进行了分析评述。本章研究为后面章节的实证分析提供了比较充分的理论与文献基础，通过总结梳理已有文献，发现国际有关货币政策与资产价格之间关联方面的研究已经取得了较为丰富的成果。但是，由于我国金融市场体制不够健全、金融产品种类相对较少等客观条件的限制，国内相关研究起步较晚，相关研究的理论和方法尚处于逐步完善之中。

　　总结起来，我们认为国内现有研究存在以下几点不足：首先，在分析货币政策与资产价格之间的关系时，以往的研究对预测机构提前公布的相关宏观经济预测信息考虑不足；其次，现有研究在分析货币政策与资产价格的动态关联时未对不同资产价格之间较强的波动溢出作用进行考虑，因而现有研究无法系统地在资产价格之间的动态相依关系中把握货币政策与资产价格之间的关联关系；再次，不同货币政策工具与资产价格之间的关联机理不同，已有研究大多选取货币供应量或银行间同业拆借利率作为货币政策的代理变量，未充分考量货币政策工具的异质性；最后，已有文献在分析货币政策调整与资产价格波动关联时尚未考虑政府公信力对货币政策效果的影响。

参 考 文 献

巴曙松. 2009. 金融危机下的全球金融监管走向及展望. 西南金融，（10）：11-14.

陈云. 2010. 国际宏观经济学的新方法：NOEM-DSGE 模型. 经济学家，2（2）：38-45.

程棵, 魏先华, 杨海珍, 等. 2012. 金融危机对金融机构的冲击及政府救助分析. 管理科学学报, 15（3）: 1-15.

崔光灿. 2009. 房地产价格与宏观经济互动关系实证研究——基于我国 31 个省份面板数据分析. 经济理论与经济管理, （1）: 57-62.

丁纯, 瞿黔超. 2009. 金融危机对德国经济与社会的影响以及德国的对策. 德国研究, 24（2）: 17-24, 78.

段忠东. 2007. 房地产价格与通货膨胀、产出的关系——理论分析与基于中国数据的实证检验. 数量经济技术经济研究, 24（12）: 127-139.

范从来, 刘晓辉. 2008. 开放经济条件下货币政策分析框架的选择. 经济理论与经济管理, （3）: 5-11.

方意, 赵胜民, 谢晓闻. 2012. 货币政策的银行风险承担分析——兼论货币政策与宏观审慎政策协调问题. 管理世界, （11）: 9-19, 56, 187.

冯科. 2010. 我国股票市场在货币政策传导机制中作用的实证分析. 中央财经大学学报, （11）: 21-26, 32.

冯玉梅, 董合平. 2007. 宏观经济信息宣告的股市收益及波动性效应——基于改进的 AR（1）-EGARCH（1, 1）-M 模型的实证检验. 数学的实践与认识, 37（16）: 64-71.

高国华. 2013. 逆周期资本监管框架下的宏观系统性风险度量与风险识别研究. 国际金融研究, （3）: 30-40.

苟文均. 2000. 资本市场的发展与货币政策的变革. 金融研究, （5）: 64-71.

顾岚, 刘长标. 2001. 中国股市与宏观经济基本面的关系. 数理统计与管理, 20（3）: 41-45.

桂荷发. 2004. 信贷扩张、资产价格泡沫与政策挑战. 财贸经济, （7）: 39-42.

郭金龙, 李文军. 2004. 我国股票市场发展与货币政策互动关系的实证分析. 数量经济技术经济研究, 21（6）: 18-27.

郭田勇. 2006. 资产价格、通货膨胀与中国货币政策体系的完善. 金融研究, （10）: 23-35.

郭莹莹. 2012. 我国资产价格波动与货币政策关系研究. 技术经济与管理研究, （12）: 80-83.

何国华, 谭炯. 2014. 国际货币政策协调理论研究的新进展. 国际金融研究, 331（11）: 36-45.

黄静. 2010. 房价上涨与信贷扩张: 基于金融加速器视角的实证分析. 中国软科学, （8）: 61-69.

黄宪, 王书朦. 2013. 资产价格波动与货币政策调控. 当代经济研究, （9）: 37-44, 93.

黄宪, 熊启跃. 2013. 银行资本缓冲、信贷行为与宏观经济波动——来自中国银行业的经验证据. 国际金融研究, （1）: 52-65.

江曙霞，何建勇. 2011. 银行资本、银行信贷与宏观经济波动——基于 C-C 模型的影响机理分析的拓展研究. 金融研究，（5）：100-112.

李成，马国校，李佳. 2009. 基于进化博弈论对我国金融监管协调机制的解读. 金融研究，（5）：186-193.

李成，李玉良，王婷. 2013. 宏观审慎监管视角的金融监管目标实现程度的实证分析. 国际金融研究，（1）：38-51.

李峰. 2009. 亚洲金融危机以来泰国的金融部门改革. 东南亚研究，（3）：11-16.

李连发，辛晓岱. 2012. 银行信贷、经济周期与货币政策调控：1984-2011. 经济研究，47（3）：102-114.

李楠，吴武清，樊鹏英，等. 2013. 宏观审慎资本监管对信贷增长影响的实证研究. 管理评论，25（6）：11-18，94.

李文泓. 2009. 关于宏观审慎监管框架下逆周期政策的探讨. 金融研究，（7）：7-24.

李霞，廖泽芳. 2015. 非常规货币政策、溢出效应与国际协调障碍. 上海经济研究，（11）：55-62.

梁浩东. 2013. 基于泰勒规则框架下对中国货币政策的分析. 统计与决策，（24）：156-159.

梁爽. 2010. 中国货币政策与资产价格之间的关系研究. 经济科学，（6）：59-65.

梁云芳，高铁梅. 2007. 中国房地产价格波动区域差异的实证分析. 经济研究，（8）：133-142.

林峰. 2010. 新开放经济宏观经济学货币政策理论研究的新发展. 经济学动态，（7）：140-145.

刘文超，韩非. 2010. 我国货币政策对股票市场影响的不对称性分析. 上海金融，（9）：37-40.

刘勇. 2004. 我国股票市场和宏观经济变量关系的经验研究. 财贸经济，（4）：21-27.

刘志洋. 2013. 银行信贷顺周期性产生机制及其逆周期调控. 现代财经（天津财经大学学报），33（6）：12-22.

卢涛，王春峰，房振明. 2006. 公开市场操作公告对中国股市交易行为的影响. 北京理工大学学报（社会科学版），8（5）：75-79.

陆岷峰，葛虎. 2011. 逆周期金融宏观审慎监管的预警体系构建探析. 现代财经（天津财经大学学报），31（7）：59-63，70.

路妍. 2011. 金融危机后的国际金融监管合作及中国的政策选择. 管理世界，（4）：169-170，177.

骆祚炎，肖祖星. 2013. 货币政策逆周期调控资产价格有效性的 FCI 检验. 上海金融，（6）：46-51，117.

吕江林. 2005. 我国的货币政策是否应对股价变动做出反应？经济研究，（3）：80-90.

马洪范. 2014. 化解金融危机的财政政策. 中国金融，（21）：70-72.

马进，关伟. 2006. 我国股票市场与宏观经济关系的实证分析. 财经问题研究，（8）：71-75.

马亚明，邵士妍. 2012. 资产价格波动、银行信贷与金融稳定. 中央财经大学学报，（1）：45-51.

苗文龙. 2010. 货币政策是否应关注资产价格——基于货币稳定的视角. 当代财经，（7）：51-62.

苗永旺，王亮亮. 2009. 百年来全球主要金融危机模式比较. 国际金融研究，（7）：20-30.

聂玉梅，邓民彩，金砾. 2012. 信贷扩张和资产价格波动对宏观经济影响分析. 中国证券期货，（9）：206-207.

宁昌会，毛传阳. 2002. 国际宏观经济理论的微观基础. 经济学动态，（8）：69-74.

潘敏，缪海斌. 2010. 银行信贷与宏观经济波动：2003-2009. 财贸研究，21（4）：83-89.

彭建刚，吕志华. 2012. 论我国金融业宏观审慎管理制度研究的基本框架. 财经理论与实践，33（1）：2-7.

彭兴韵. 2009. 金融危机管理中的货币政策操作——美联储的若干工具创新及货币政策的国际协调. 金融研究，（4）：20-35.

强林飞，贺娜，吴诣民. 2010. 中国银行信贷、房地产价格与宏观经济互动关系研究——基于 VAR 模型的实证分析. 统计与信息论坛，25（9）：75-80.

邱兆祥，王保东. 2008. 宏观经济的不确定性与商业银行信贷行为研究. 财贸经济，（12）：21-25.

邱兆祥，刘远亮. 2011. 中国商业银行信贷风险与宏观经济因素关系研究——基于 2000~2009 年面板数据的实证检验. 广东金融学院学报，26（1）：38-44.

瞿强. 2001. 资产价格与货币政策. 经济研究，（7）：60-67，96.

孙国峰，尹航，柴航. 2017. 全局最优视角下的货币政策国际协调. 金融研究，（3）：54-71.

孙洪庆，邓瑛. 2009. 股票价格、宏观经济变量与货币政策——对中国金融市场的协整分析. 经济评论，（4）：50-57.

孙华好，马跃. 2003. 中国货币政策与股票市场的关系. 经济研究，（7）：44-53，91.

孙伶俐. 2008. 股票市场上利率政策公告效应实证研究. 中南财经政法大学学报，（6）：65-70，143.

孙巍. 2010. 中国货币政策传导的股市渠道——基于宏微观视角的实证分析. 上海金融，（5）：43-48.

谭庆华，李黎. 2009. 宏观经济形势变化对银行信贷风险状况的影响. 投资研究，

（4）：7-10.

汤铎铎. 2008. 从西斯蒙第到普雷斯科特——经济周期理论 200 年. 经济理论与经济管理，（8）：24-28.

唐珂. 2013. 世界各国宏观审慎政策框架模式研究. 吉林金融研究，（4）：10-15.

田祥宇，闫丽瑞. 2012. 银行信贷、货币渠道与资产价格——兼论货币政策中介工具的选择. 财贸经济，（9）：70-75.

屠佳华，张洁. 2005. 什么推动了房价的上涨：来自上海房地产市场的证据. 世界经济，（5）：28-37，80.

王东. 2009. 国际协调与博弈：金融危机下国家利益的考量. 当代经济科学，31（6）：42-47，123.

王军波，邓述慧. 1999. 中国利率政策和证券市场的关系的分析. 系统工程理论与实践，19（8）：16-23.

王亮亮，苗永旺. 2013. 货币政策、宏观审慎政策与资产价格. 国际金融，（2）：66-70.

王擎，韩鑫韬. 2009. 货币政策能盯住资产价格吗？——来自中国房地产市场的证据. 金融研究，（8）：114-123.

王松涛，刘洪玉. 2009. 以住房市场为载体的货币政策传导机制研究——SVAR 模型的一个应用. 数量经济技术经济研究，26（10）：61-73.

王晓，李佳. 2013. 金融稳定目标下货币政策与宏观审慎监管之间的关系：一个文献综述. 国际金融研究，（4）：22-29.

王晓芳，田军伟. 2002. 宏观经济变量与股市关系的实证研究. 数量经济技术经济研究，19（9）：99-102.

王晓明. 2010. 银行信贷与资产价格的顺周期关系研究. 金融研究，（3）：45-55.

王叙果，陆凯旋. 2009. 国际货币政策协调收益的研究现状及述评. 世界经济与政治论坛，（4）：26-31.

王云升，杨柳. 2008. 宏观经济统计数据公布对中国金融市场影响的实证研究. 上海金融，（7）：53-57.

魏琪. 2013. 治理金融危机的财政政策. 北京：财政部财政科学研究所.

吴婷婷. 2011. 后危机时代中国金融国际化发展趋向展望——基于金融安全的视角. 技术经济与管理研究，（9）：54-58.

吴言林，白彦，尹哲. 2013. 经济周期、信贷扩张与政府逆周期宏观调控效果研究. 广东社会科学，（1）：68-75.

项后军，于洋. 2012. 通货膨胀预期视角下的货币政策对资产价格反应问题的研究. 统计研究，29（11）：41-48.

肖本华. 2008. 我国的信贷扩张与房地产价格. 山西财经大学学报，30（1）：27-31.

解陆一. 2012. 经济周期视角下的银行信贷与房地产价格关系的再研究. 投资研究，

31（11）：115-123.

严金海. 2007. 土地抵押、银行信贷与金融风险：理论、实证与政策分析. 中国土地科学，21（1）：17-23.

晏艳阳，李治，许均平. 2004. 中国股市波动与宏观经济因素波动间的协整关系研究. 统计研究，21（4）：45-48.

易纲，王召. 2002. 货币政策与金融资产价格. 经济研究，（3）：13-20，92.

尹继志. 2008. 开放经济条件下的货币政策国际协调. 上海金融，（12）：36-41，7.

袁鹰，涂志勇. 2007. 国际货币政策协调能带来社会福利的增加吗？上海金融，（3）：60-64.

曾志坚，江洲. 2007. 宏观经济变量对股票价格的影响研究. 财经理论与实践，28（1）：40-45.

张睿锋. 2009. 杠杆比率、资产价格泡沫和银行信贷风险. 上海金融，（9）：15-17.

赵静梅. 2008. 金融危机救济论. 成都：西南财经大学出版社.

赵振全，张宇. 2003. 中国股票市场波动和宏观经济波动关系的实证分析. 数量经济技术经济研究，20（6）：143-146.

周晖. 2010. 货币政策、股票资产价格与经济增长. 金融研究，（2）：91-101.

周晖，王擎. 2009. 货币政策与资产价格波动：理论模型与中国的经验分析. 经济研究，44（10）：61-74.

周京奎. 2005. 货币政策、银行贷款与住宅价格——对中国 4 个直辖市的实证研究. 财贸经济，（5）：22-27.

周小川. 2011. 金融政策对金融危机的响应——宏观审慎政策框架的形成背景、内在逻辑和主要内容. 金融研究，（1）：1-14.

周小川. 2012. 金融危机中关于救助问题的争论. 金融研究，（9）：1-19.

IMF. 2009. 全球金融稳定报告. 北京：中国金融出版社.

IMF. 2013. 全球金融稳定报告. 北京：中国金融出版社.

Mckinnon R. 1999. 汇率政策协调：战胜东亚货币危机的策略. 金融研究，（1）：7-14，80.

Abbassi P, Linzert T. 2011. The effectiveness of monetary policy in steering money market rates during the financial crisis. Journal of Macroeconomics, 34（4）：945-954.

Adams G, McQueen G, Wood R. 2004. The effects of inflation news on high frequency stock returns. Journal of Business, 77（3）：547-574.

Ahdieh R B. 2010. Crisis and coordination: regulatory design in financial crises. Proceedings of the Annual Meeting（American Society of International Law），104：286-289.

Aït-Sahalia Y, Andritzky J, Jobst A, et al. 2009. How to stop a herd of running bears?

Market response to policy initiatives during the global financial crisis. IMF Working Papers, 44（1）：1-51.

Aït-Sahalia Y, Andritzky J, Jobst A, et al. 2012. Market response to policy initiatives during the global financial crisis. Journal of International Economics, 87（1）：162-177.

Allen F, Gale D. 2000. Bubbles and crises. The Economic Journal, 110（460）：236-255.

Amihud Y, Mendelson H. 1986. Asset pricing and the bid-ask spread. Journal of Financial Economics, 17（2）：223-249.

Andersen T G, Bollerslev T. 1998. Answering the skeptics：yes, standard volatility models do provide accurate forecasts. International Economic Review, 39（4）：885-905.

Andersen T G, Bollerslev T, Diebold F X, et al. 2003a. Micro effects of macro announcements：real-time price discovery in foreign exchange. American Economic Review, 93（1）：38-62.

Andersen T G, Bollerslev T, Diebold F X, et al. 2003b. Modeling and forcasting realized volatility. Econometrica, 71（2）：579-625.

Andersen T G, Bollerslev T, Diebold F X, et al. 2007. Real-time price discovery in global stock, bond and foreign exchange markets. Journal of International Economics, 73（2）：251-277.

Atkeson A, Chari V V, Kehoe P J. 1999. Taxing capital income：a bad idea. Federal Reserve Bank of Minneapolis Quarterly Review, 23（3）：3-17.

Baba N, Packer F. 2009. From turmoil to crisis：dislocations in the FX swap market before and after the failure of Lehman brothers. Journal of International Money and Finance, 28（8）：1350-1374.

Barrell R, Fic T, Liadze I. 2009. Fiscal policy effectiveness in the banking crisis. National Institute Economic Review, 207（1）：43-50.

Barrell R, Davis E P, Karim D, et al. 2011. How idiosyncratic are banking crises in OECD countries? National Institute Economic Review, 216（1）：R53-R58.

Barro R J, Gordon D B. 1983. Rules, discretion and reputation in a model of monetary policy. Journal of Monetary Economics, 12（1）：101-121.

Bauer M D, Neely C J. 2014. International channels of the Fed's unconventional monetary policy. Journal of International Money and Finance, 44：24-46.

Bernanke B S. 2013. Monetary policy and the global economy. Public Discussion in Association with the Bank of England, London School of Economics, London, United Kingdom.

Bernanke B S, Blinder A S. 1988. Credit, money, and aggregate demand. American

Economic Review, 78（2）: 435-439.

Bernanke B S, Gertler M. 1995. Inside the black box: the credit channel of monetary policy transmission. NBER Working Paper, No. 5146.

Bernanke B S, Kuttner K N. 2003. What explains the stock market's reaction to federal reserve policy? The Journal of Finance, 60（3）: 1221-1257.

Bernanke B S, Gertler M, Gilchrist S. 1998. The financial accelerator in a quantitative business cycle framework. NBER Working Paper, No.6455.

BIS. 2012. 82nd Annual Report（Basel, June）.

Bomfim A N. 2003. Pre-announcement effects, news, and volatility: monetary policy and the stock market. Journal of Banking and Finance, 27（1）: 133-151.

Bordo M D, Olivier J. 2002. Monetary policy and asset prices: does "benign neglect" make sense? International Finance, 5（2）: 139-164.

Bordo M, Landolane L. 2013. Does expansionary monetary policy cause asset price booms: some historical and empirical evidence. Economia Chilena, 16（2）: 247-273.

Borio C, Lowe P. 2002. Assessing the risk of banking crises. BIS Quarterly Review, 12: 43-54.

Borio C, Disyatat P. 2011. Global imbalances and the financial crisis: link or no link. BIS Working Paper, 68（3）: 1-18.

Bostic R, Gabriel S, Painter G. 2009. Housing wealth, financial wealth and consumption: new evidence from micro data. Regional Science and Urban Economics, 39（1）: 79-89.

Boz E, Mendoza E G. 2014. Financial innovation, the discovery of risk, and the U.S. credit crisis. Journal of Monetary Economics, 62（10/164）: 1-22.

Bruno V, Shin H S. 2015. Capital flows and the risk-taking channel of monetary policy. Journal of Monetary Economics, 71: 119-132.

Bulir A, Swiston A. 2009. Emerging market countries don't believe in Fiscal stimuli: should we blame ricardo? Czech Journal of Economics and Finance, 59（2）: 153-164.

Campbell S, Covitz D, Nelson W, et al. 2011. Securitization markets and central banking: an evaluation of the term asset-backed securities loan facility. Journal of Monetary Economics, 58（5）: 518-531.

Campello M, Graham J R, Campbell R H. 2010. The real effects of financial constraints: evidence from a financial crisis. Journal of Financial Economics, 97（3）: 470-487.

Canzoneri M B, Gray J A. 1985. Monetary policy games and consequences of non-cooperative behavior. International Economic Review, 26（3）：547-564.

Caporale G M, Cipollini A, Demetriades P O. 2005. Monetary policy and the exchange rate during the asian crisis: identification through heteroscedasticity. Journal of International Money and Finance, 24（1）：39-53.

Carabenciov I, Freedman C, Garcia-Saltos R, et al. 2013. GMP6: The global projection model with 6 regions. IMF Working Papers.

Carroll C D, Otsuka M, Slacalek J. 2006. How large is the housing wealth effect? A new approach. NBER Working Paper, No.12746.

Cecchetti S. 2009. Crisis and responses: the Federal Reserve in the early stages of the financial crisis. Journal of Economic Perspectives, 23（1）：51-75.

Chang K L, Chen N K, Leung C K. 2011. Monetary policy, term structure and asset return: comparing REIT, housing and stock. The Journal of Real Estate Finance and Economics, 43（1~2）：221-257.

Chari V V, Kehoe P J. 1999. Optimal fiscal and monetary policy. Handbook of Macroeconomics, 1（99）：1671-1745.

Chen N F. 1991. Financial investment opportunities and the macro economy. Journal of Finance, 16（2）：529-553.

Chen N F, Roll R, Ross S A. 1986. Economic forces and the stock market. Journal of Business, 59（3）：383-403.

Chen N K. 2001. Bank net worth, asset prices and economic activities. Journal of Monetary Economies, 48（2）：415-436.

Chen Q, Filardo A, He D, et al. 2012. International spillovers of central bank balance sheet policies. BIS Paper, No.66, Bank for international Settlements.

Chen Q Y, Filardo A, He D, et al. 2016. Financial crisis, US unconventional monetary policy and international spillovers. Journal of International Money and Finance, 67: 62-81.

Chen X S, Kontonikas A, Montagnoli A. 2012. Asset prices, credit and the business cycle. Economics Letters, 117（3）：857-861.

Chowdhury S H, Rahman M A. 2004. On the empirical relation between macroeconomic volatility and stock market volatility of bangladesh. The Global Journal of Finance and Economics, 1（2）：209-225.

Christensen J, Lopez J, Rudebusch G. 2009. Do central bank liquidity facilities affect interbank lending rates? Federal Reserve Bank of San Francisco, Working Paper Series, 32（1）：136-151.

Cooper R N. 1969. Macroeconomic poilcy adjustment in interdependent economics. The

Quarterly Journal of Economics, 83（1）: 1-24.

Corsetti G, Pesenti P. 2005. International dimensions of optimal monetary policy. Journal of Monetary Economics, 52（2）: 281-305.

de Meza D, Webb D C. 1988. Credit market efficiency and tax policy in the presence of screening costs. Journal of Public Economics, 36（1）: 1-22.

Dekle R, Hamada K. 2015. Japanese monetary policy and international spillovers. Journal of International Money and Finance, 52: 175-199.

Devereux M B. 2006. Exchange rate policy and endogenous price flexibility. Journal of European Economic Association, 4（4）: 735-769.

Dooley M, Hutchison M. 2009. Transmission of the U.S. subprime crisis to emerging markets: evidence on the decoupling-recoupling hypothesis. Journal of International Money and Finance, 28（8）: 1331-1349.

Dunn J C, Davies M, Yang Y, et al. Monetary policy transmission mechanisms in Pacific Island countries. IMF Working Papers, 11/96.

Dwyer G P, Tkac P. 2009. The financial crisis of 2008 in fixed-income markets. Journal of International Money and Finance, 28（8）: 1293-1316.

Edelberg W, Marshall D. 1996. Monetary policy shocks and long-term interest rates. Economic Perspectives, The Federal Reserve Bank of Chicago, 20: 2-17.

Ederington L H, Lee J H. 1993. How markets process information news releases and volatility. Journal of Finance, 48（4）: 1161-1191.

Eichler S, Hielscher K. 2012. Does the ECB act as a lender of last resort during the subprime lending crisis? Evidence from monetary policy reaction models. Journal of International Money and Finance, 31（3）: 552-568.

Eijffinger S C W, Karatas B. 2012. Currency crises and monetary policy: a study on advanced and emerging economies. Journal of International Money and Finance, 31（5）: 948-974.

Engel C. 2015. International coordination of central bank policy. Journal of International Money and Finance, 67: 13-24.

Evans C L, Marshall D A. 1998. Monetary policy and the term structure of nominal interest rates: evidence and theory. Carnegie-Rochester Conference on Public Policy, 49（1）: 53-111.

Fair R. 2002. Events that shook the market. Journal of Business, 75（4）: 713-731.

Fair R. 2003. Shock effects on stocks, bonds and exchange rates. Journal of International Money and Financial, 22（3）: 307-341.

Falagiarda M, Reitz S. 2015. Announcements of ECB unconventional programs: implications for the sovereign spreads of stressed euro area countries. Journal of International Money and Finance, 53: 276-295.

Fama E F. 1990. Stock returns, expected returns, and real activity. Journal of Finance, 45（4）: 1089-1108.

Fiordelisi F, Galloppo G, Ricci O. 2014. The effect of monetary policy interventions on interbank markets, equity indices and G-SIFIs during financial crisis. Journal of Financial Stability, 11（2）: 49-61.

Flannery M J, Protopapadakis A A. 2002. Macroeconomic factors do influence aggregate stock returns. The Review of Financial Studies, 15（3）: 751-782.

Fleming M J, Remolona E M. 1997. What moves the bond market? Economic Policy Review—Federal Reserve Bank of New York, 3（4）: 31-50.

Fleming M J, Remolona E M. 1999. Price formation and liquidity in the US treasury market: the response to public information. Journal of Finance, 54（5）: 1901-1915.

Frieden J A, Broz J L. 2013. The political economy of international monetary policy coordination//Caprio G. Handbook of Safeguarding Global Financial Stability. Amsterdam: Elsevier Monographs: 81-90.

Friedman B M, Kuttner K N. 2010. Implementation of monetary policy: How do central banks set interest rates? NBER Working Paper, No. 16165.

Gagnon J E, Raskin M, Remache J, et al. 2011. The financial market effects of the Federal Reserve's large-scale asset purchases. International Journal of Central Banking, 7（1）: 3-43.

Georgiadis G. 2016. Determinants of global spillovers from US monetary policy. Journal of International Money and Finance, 67（c）: 41-61.

Gerdrup K R. 2003. Three episodes of financial fragility in Norway since the 1890s. BIS Working Papers, No. 142.

Golbeck S, Linetsky V. 2013. Asset financing with credit risk. Journal of Banking and Finance, 37（1）: 43-59.

Goodhart C, Schoenmaker D. 1995. Should the functions of monetary policy and banking supervision be separated? Oxford Economic Papers, New Series, 47（4）: 539-560.

Grammatikos T, Lehnert T, OtsuboY. 2015. Market perceptions of US and European policy actions around the subprime crisis. Journal of International Financial Markets, Institutions and Money, 37: 99-113.

Gray C. 2013. Responding to a monetary superpower: investigating the behavioral spillovers of U.S. monetary policy. Atlantic Economic Journal, 41（2）: 173-184.

Guttentag J, Herring R. 1986. Disaster myopia in international banking. Princeton

University, Essays in International Finance, No.164.

Hamada K. 1976. A strategic analysis of monetary interdependence. Journal of Political Economy, 84 (4, Part 1): 677-700.

Hancock D, Passmore W. 2011. Did the Federal Reserve's MBS purchase program lower mortgage rates. Journal of Monetary Economics, 58 (5): 498-514.

Hansen A H. 1949. Monetary Theory and Fiscal Policy. New York: McGraw-Hill.

Hesse H, Frank N. 2009. The effectiveness of central bank interventions during the first phase of the subprime crisis. IMF Working Papers, 9 (206): 1-28.

Hicks J. 1937. Mr. Keynes and the "classics": a suggested interpretation. Econometrica, 5 (2): 147-159.

Hielscher K, Eichler S. 2012. Does the ECB act as a lender of last resort During the subprime lending crisis? Evidence from monetary policy reaction models. Journal of International Money and Finance, 31 (3): 552-568.

Hoffmann A. 2013. Did the Fed and ECB react asymmetrically with respect to asset market developments? Journal of Policy Modeling, 35 (2): 197-211.

Hong K, Tang H C. 2012. Crises in Asia: recovery and policy responses. Journal of Asian Economics, 23 (6): 654-668.

Hutchison M M, Noy I, Wang L. 2010. Fiscal and monetary policies and the cost of sudden stops. Journal of International Money and Finance, 29 (6): 973-987.

Ireland P. 2005. The monetary transmission mechanism. Boston College. Working Papers in Economics, 628: 1-14.

Juster F T, Lupton J R, Smith J P. 2006. The decline in household saving and the wealth effect. The Review of Economics and Statistics, 88 (1): 20-27.

Kalyvitis S, Skotida I. 2010. Some empirical evidence on the effects of U.S. monetary policy shocks on cross exchange rates. The Quarterly Review of Economics and Finance, 50 (3): 386-394.

Kim B H, Kim H, Lee B S. 2015. Spillover effects of the U.S. financial crisis on financial markets in emerging Asian countries. International Review of Economic and Finance, 39: 192-210.

Kim O, Verrecchia R E. 1994. Market liquidity and volume around earnings announcements. Journal of Accounting and Economics, 17 (1): 41-67.

Kim S J, Lee L, Wu E. 2013. The impact of domestic and international monetary policy news on U.S. and German bank stocks. International Finance Review, 14: 175-210.

Kindleberger C P. 2006. A Financial History of Western Europe. Oxford: Taylor & Francis.

Krugman P. 2008-11-14. Depression economics returns. New York Times.

Kuttner K N. 2001. Monetary policy surprises and interest rates: evidence from the Fed funds futures market. Journal of Monetary Economics, 47（3）: 523-544.

Laeven L, Valencia F. 2012. The use of blanket guarantees in banking crises. Journal of International Money and Finance, 31（5）: 1220-1248.

Lee B. 1992. Causal relations among stock returns, interest rates, real activity, and inflation. The Journal of Finance, 47（4）: 1591-1603.

Levine R. 2002. Bank-based or market-based financial systems: which is better? Journal of Financial Intermediation, 11（4）: 398-428.

Li L, Engle R F. 1998. Macroeconomic announcements and volatility of treasury futures. Discussion Paper 98-27, Department of Economics, University of California, San Diego.

Lothian J R. 2014. Monetary policy and the twin crises. Journal of International Money and Finance, 49（3）: 197-210.

Lu X, In F, Kou M. 2009. The high-frequency responses of Australian financial futures to unexpected cash rate announcements. The Economic Record, 85（S1）: 22-28.

Matthews B C. 2010. Prospects for coordination and competition in global finance. Proceedings of the Annual Meeting（American Society of International Low）, 104: 289-295.

McAndrews J, Sarkar A, Wang Z. 2008. The effect of the term auction facility on the London InterBank Offered Rate. Federal Reserve Bank of New York Staff Report, No.335.

Meade J E. 1951. The Theory of International Economic Policy: The Balance of Payments. London: Oxford University Press.

Mehra Y P. 1996. Monetary policy and long-term interest rates. Economic Quarterly, 82: 27-49.

Menguy S. 2011. Monetary and fiscal policy in the EMU: conflict or coordination? Journal of Economic Integration, 26（2）: 361-385.

Mishkin F S. 1999. International experiences with different monetary policy regimes. Journal of Monetary Economics, 43: 579-605.

Mishkin F S. 2009. Is monetary policy effective during financial crises? American Economic Review, 99（2）: 573-577.

Modigliani F. 1971. Monetary policy and consumption. In Consumer spending and money policy: the linkages. Federal Reserve Bank of Boston. Conference Series Paper, No.5: 9-84.

Muradoglu G, Taskin F, Bigan I. 2000. Causality between stock returns and macroeconomic variables in emerging markets. Russian & East European Finance and Trade, 36（6）:

33-53.

Neely C J. 2015. Unconventional monetary policy had large international effects. Journal of Banking and Finance, 52: 101-111.

Obstfeld M, Rogoff K S. 1995. Exchange rate dynamics redux. Journal of Political Economy, 103（3）: 624-660.

Obstfeld M, Rogoff K S. 2002. Global implications of self-oriented national monetary rules. Quarterly Journal of Economics, 117（2）: 503-535.

Panico C, Purificato F. 2013. Policy coordination, conflicting national interests and the European Debt Crisis. Cambridge Journal of Economics, 37（3）: 585-608.

Ravn S H. 2014. Asymmetric monetary policy towards the stock market: a DSGE approach. Journal of Macroeconomics, 39（3）: 24-41.

Reinikka R, Svensson J. 2004. Local capture: evidence from a central government transfer program in Uganda. Quarterly Journal of Economics, 119（2）: 679-705.

Ricci O. 2015. The impact of monetary policy announcements on the stock price of large European banks during the financial crisis. Journal of Banking and Finance, 52: 245-255.

Rogers J H, Scotti C, Wright J H. 2014. Evaluating asset-market effects of unconventional monetary policy: a cross-country comparison. International Finance Discussion Papers, No.1101, Board of Governors of the Federal Reserve System.

Rogoff K. 1985. Can exchange rate predictability be achieved without monetary convergence? Evidence from the EMS. European Economic Review, 28（1~2）: 93-115.

Rosa C. 2011. The high-frequency response of exchange rates to monetary policy actions and statements. Journal of Banking and Finance, 35（2）: 478-489.

Ross S A. 1976. The arbitrage theory of capital asset pricing. Journal of Economic Theory, 13（3）: 341-360.

Sakovics J, Steiner J. 2012. Who matters in coordination problems? American Economic Review, 102（7）: 3439-3461.

Smales L A. 2012. RBA monetary policy communication: the response of Australian interest rate futures to changes in RBA monetary policy. Pacific-Basin Finance Journal, 20（5）: 793-808.

Spilimbergo M A, Symansky M S A, Cottarelli M C, et al. 2009. Fiscal policy for the crisis. International Monetary Fund, 10（2）: 1-37.

Stiglitz J E, Weiss A. 1981. Credit rationing in markets with imperfect information. American Economic Review, 71（3）: 393-410.

Tang K K. 2006. The wealth effect of housing on aggregate consumption. Applied Economics

Letters, 13（3）: 189-193.

Taylor J B. 1993. Discretion versus policy rules in practice. Carnegie-Rochester Conference Series on Public Policy, 39（1）: 195-214.

Taylor J B. 2009. The financial crisis and the policy responses: an empirical analysis of what went wrong. Social Science Electronic Publishing, 21（2~3）: 341-364.

Taylor J B. 2011. An empirical analysis of the revival of fiscal activism in the 2000s. Journal of Economic Literature, 49（3）: 686-702.

Taylor J B. 2013. International monetary policy coordination: past, present and future. BIS Working Papers, No.437.

Taylor J B, Williams J C. 2009. A black swan in the money market. American Economic Journal: Macroeconomics, 1（1）: 58-83.

Tobin J. 1969. A general equilibrium approach to monetary theory. Journal of Money, Credit and Banking, 1（1）: 15-29.

Tobin J. 1978. A proposal for international monetary reform. Eastern Economic Journal, 4（3~4）: 153-159.

Vithessonthi C, Techarongrojwong Y. 2013. Do monetary policy announcements affect stock prices in emerging market countries? The case of Thailand. Journal of Multinational Financial Management, 23（5）: 446-469.

Walsh C E. 2000. Monetary Theory and Policy. Cambridge: The MIT Press.

World Bank. 2010. Robust recovery, rising risk. East Asia and Pacific Economic Update, 2: 3-16.

Wu T. 2011. The U.S. money market and the term auction facility in the financial crisis of 2007-2009. The Review of Economics and Statistics, 93（2）: 617-631.

Yin H, Yang J. 2013. Bank characteristics and stock reactions to federal funds rate target changes. Applied Financial Economics, 23（23）: 1755-1764.

第3章 中国货币政策的演变：环境、目标、工具

3.1 中国货币政策环境的演变

货币政策环境是指一国货币政策生成或制定和实施的环境（李方和段福印，2013），主要包括外部环境（国际环境）和内部环境（国内环境）。货币政策环境是中央银行制定与操作货币政策的关键约束条件，当货币政策环境发生变化时，货币政策框架必须进行相应的调整，否则按照既有框架制定与实施的货币政策其有效性将会骤减，甚至与政策目标背道而驰。

我国真正意义上实践货币政策调控宏观经济是从1984年中国人民银行专门行使中央银行职能而建立起正式的二级银行体制开始的。此后伴随国内经济、经济全球化、金融创新及信息技术等快速发展，我国货币政策环境在形态、内容和实质上都发生了显著的变化。下文将从国际和国内环境以及我国货币政策环境的演变轨迹方面具体梳理我国货币政策环境的演变。

3.1.1 中国货币政策的国际环境

1. 国际金融危机后，全球经济不平衡，货币政策分化趋势明显

国际金融危机后，由于全球经济体经济恢复与发展的不平衡，经济体之间的货币政策呈现出较为明显的分化趋势。2015年至今，在涉及22个国家

（或区域）的总共 40 次货币政策操作中，34 次采取了宽松的货币政策，6 次采取了紧缩性的货币政策。其中，宽松的货币政策中，有 33 次为传统货币政策——降息，此外，欧洲中央银行（European Central Bank，ECB）正式启动了量化宽松政策，瑞典则在降息的同时宣布购买 300 亿瑞典克朗的国债，也加入实施量化宽松政策国家的行列。在 6 次紧缩的货币政策中，则无一例外是借助了传统货币政策——加息。2014 年，全球共有涉及 29 个国家（或区域）、数量多至 70 次较大的货币政策操作。这 70 次货币政策操作中，38 次为宽松型货币政策，32 次为紧缩型货币政策。宽松政策中，36 次为传统货币政策——降息、降准，此外，欧洲中央银行还启动了资产抵押证券购买计划，日本扩大了量化宽松政策的规模。在紧缩政策中，有 25 次为传统货币政策加息，美国则分 7 次削减量化宽松规模，最终于 2014 年 10 月 29 日结束资产购买计划，宣布量化宽松政策彻底终结。

其实单从数量上，2014 年是货币政策大分化的一年，一半宽松，一半紧缩，中、欧货币政策中性略松，美国稳步退出量化宽松。2015 年则近似一边倒，多数国家/区域执行的是宽松政策（高占军，2015）。

回顾 2008~2013 年的金融危机，美国货币政策保持极度宽松态势，2014 年才开始逐渐退出。中国货币政策在 2008~2009 年极度宽松，2010~2011 年 10 月退出（其间，共 6 次上调利率，11 次上调存款准备金率）；在 2011 年 11 月至 2012 年再度宽松（2 次下调利率，3 次下调存款准备金率），2013~2014 年紧平衡；在 2015 年再度宽松。在全球经济呈现高度关联的背景下，不同经济体之间显著的政策分化成为政策溢出效应日益增大的重要原因。

在此背景下，中国货币政策不仅要调结构促改革，尽可能避免大规模刺激，在由稳健转向宽松完成前的过渡期内，还离不开政策助力。

2. 发达经济体大规模"量化宽松"政策的推出与退出

（1）国际金融危机以及发达经济体"量化宽松"政策启动对中国货币政策国际环境的影响。

始于美国次贷危机的发达经济体债务危机，以及由此开启的各发达国家的"量化宽松"政策从根本上改变了中国货币政策的外部环境（路妍和刘亚群，2014；谭小芬等，2013；边卫红等，2013；潘敏等，2011；张礼卿，2011）。国际金融危机的频繁爆发以及发达经济体大规模的常规与非常规流动性救助政策，使中国经济受到的冲击显著，表现在贸易出口方面（金洪飞等，2011；裴平等，2009），中美利差的不断扩大，人民币升值预期增强，大规模短期国际资本流入国内（路妍和刘亚群，2014）。在全球经济呈现高度关联的背景下，国际经济金融环境的变化不仅增加了中国金融体系的脆弱性，还影响了中国经济结构的调整战略。

陈福中和陈诚（2012）研究发现中国经济所受总体影响在国际金融危机爆发之初较为显著，尤其是通过出口和外商直接投资（foreign direct investment，FDI）渠道导致的冲击更为显著（薛熠和何茵，2010），且在危机后持续加强。次贷危机使我国货币政策显著扩张，伴随危机的深化，政策的扩张力度也在不断加大（薛熠和何茵，2010）。路妍和刘亚群（2014）分析发现，美国、日本、欧洲三大经济体为应对次贷危机和欧债危机而实施的"量化宽松"政策，不但加大了人民币汇率调控的难度，而且流动性过剩及其导致的国际资本流动对中国货币政策造成冲击，进而影响了中国货币政策的独立性。他们的实证分析也表明，通过 M2、实际有效汇率和利率进行国际传导的美国、日本、欧洲的"量化宽松"政策，对中国货币政策有显著影响。连军和马宇（2015）通过探究中央银行货币政策不同转向对国有企业和民营企业资本投资的影响，发现金融危机期间，中央银行货币调控对经济总量的控制具有显著效果，但是对经济优化转型的引导作用却非常有限，金融资源配置效率依然受制于企业产权差异。黄宪等（2012）分析认为持续宽松的货币政策与巴塞尔协议下银行资本监管的共同作用，可能是美国次贷危机产生和经济持续波动的主因之一。巴塞尔协议下的银行资本监管，较大地改变了信贷资金的流向，从而必然影响到货币政策发挥作用的基础条件与传导途径。他们采用随机前沿分析（stochastic frontier analysis，SFA）方法检验了 2000~2009 年我国货币政策与银行资本监管联合效率，结果表明在引入银行资本监管后，货币政策实现经济目标的联合效率下降。贾飚等（2015）分析实施巴塞尔协议Ⅲ对中国宏观经济的影响后发现，短期内巴塞尔协议Ⅲ的实施对中国宏观经济的影响较为温和，但长期而言，各国银行资本充足率方面的不同导致监管变革对各国信贷和宏观经济影响的成本不同，进而各国当局采用新资本监管要求的激励亦各有迥异。此外，次贷危机及其大规模的救助措施导致我国商业银行信贷规模急剧扩张，呈现出典型的逆经济周期特征（潘敏等，2011）。其原因主要包括我国在经济增长模式下的高投资、量化宽松的货币信贷政策、救市背景下的道义压力和社会责任、行业竞争下的规模扩张冲动及上市背景下的盈利压力。

（2）发达经济体"量化宽松"政策退出对中国货币政策国际环境的影响。

在发达经济体经济企稳回暖之后，大规模的"量化宽松"政策陆续撤退。然而，于中国而言，"量化宽松"政策的退出将意味着短期国际资本的流出、人民币汇率贬值预期以及进一步对金融稳定的冲击。已有研究，如谭小芬等（2013）、边卫红等（2013）发现美国量化宽松货币政策的退出使美国国债利率上升，短期资本流出中国，人民币汇率预期贬值，这又进一步加速了短期资本流出中国，对中国金融稳定造成冲击。张礼卿（2011）、张怀清（2013）认为美国实行量化宽松货币政策会使全球经济流动性过剩，国际资本大量流向新兴市场经济体，使新兴市场经济体金融动荡，因而中国应该在量化宽松货币政策退出时加强资本流入管制。吴秀波（2014）分析了美联储结束第三轮量化货币政策和欧盟、日本近期的货币政策影响，美国量化政策的退出引发全球"资金池"水位下降，日本、欧洲中央银行的"放水"行为无法弥补并抬升"资金水位"，加之与我国去杠杆化以及利率市场化进程加速叠加，我国将进入一个"结构性偏紧"的常态化货币新环境。新的货币政策将使我国资金成本上升、"热钱"流出、资产价格泡沫破灭、外债较多企业负担加重、通缩压力加大等情况发生，对此中国人民银行已通过不对称降息予以应对。

3.1.2　中国货币政策的国内环境

1. 人民币汇率环境的改变

中国从 2007 年开始持续保持了数年的双顺差，以及人民币持续升值的货币环境开始或正在开始发生变化。全球经济发展的经验表明，任何一个经济体都不可能长期维持"双顺差"和本币升值的局面，中国自然也不例外。而且，一国"双顺差"和本币升值的局面发生"逆转"具有突发性和难以预见性。方显仓和吴锦雯（2013）探究了我国货币政策汇率传导的运作机制和有效性，实证结果表明我国货币政策的汇率渠道存在阻滞，其主要原因是利率市场化程度不足，而货币供应量调控对汇率的影响效果要远弱于汇率制度对汇率的影响，从而削弱双中介的宏观调控效果。同时，汇率波动短期对实体经济有一定影响，人民币汇率对物价、通胀的影响程度要强于对产出的影响，但汇率变动对我国物价变动的贡献率较低，说明人民币汇率变动的价格传递效应较弱。实施均衡汇率水平的升值政策在短期内可降低通胀，但长期内对经济增长不利，故应适时适度增加人民币汇率弹性，消除人民币升值预期，明确我国当下的均衡汇率水平或其可移动区间，进一步推进金融深化尤其是利率市场化。林文浩和孙薇（2012）认为，在后危机时代，我国货币政策在维护货币金融环境稳定和促进经济转变发展方式的多重目标下处于两难的境地。应对政策目标冲突，需要遵循"N 种目标，N 种工具"的宏观调控法则，引入新的政策工具，使之与货币政策搭配组合，确保调控目标实现。通过利用自回归分布滞后模型，定量分析了 2005 年 7 月汇改前后，人民币名义有效汇率升值对 CPI 的影响程度，实证结论认为在汇率传递效应加强的条件下，提高人民币名义有效汇率，不仅有助于从根源入手治理当前通货膨胀，而且有利于解决国内的结构性问题。

2. 中国经济增长方式的转变

中国经济增长方式正在由总量高速增长向结构调整转型，低速增长转变已经或正在从根本上改变中国货币政策的内部环境。林仁文和杨熠（2014）分析得出中国正进行市场化改革，经济结构在缓慢改变，这意味着中国货币政策的有效性可能随之变动。然而已有的货币政策理论大多基于完全市场经济，而未考虑到转型经济体中的非市场因素，从而难以解释中国的情形。从要素配置市场化及行业准入限制逐步放开的角度，DSGE 模型较好地拟合了中国的实际经济，考察了中国市场化进程中的货币政策有效性。模拟结果发现，对于国企经济，贷款基准利率的作用将逐步减小，而存款基准利率和存款准备金率的作用会逐步提高；对于民企经济，存、贷款基准利率，以及存款准备金率的作用，都将逐渐减小；对于总体经济，贷款基准利率的作用将逐步减少，而存款基准利率和存款准备金率的作用，将在改革前期不断上升，在改革后期逐步下降。在市场化改革的不同阶段，针对不同的政策目标，最有效的货币政策工具将有所差异。因此，中央银行需要根据不同的市场化程度，对各政策目标实施相应的政策工具，以提高货币政策的针对性、有效性，并加强政策工具间的协调配合。杨晓光等（2013）分析了当前中国经济正面临重要的转折点，得出自 1978 年以来多年赖以维系的高速增长发展模式走到了需要转折的关键时期，通过以扩展的经济增长理论模型作为框架，从对外开放和内部改革两大视角，剖析了开放对于技术进步、资本供给与市场扩大的贡献，以及改革对劳动力解放和劳动力供给、资本积累和经济货币化、技术进步、商品市场建设、资源利用和环境消耗等方面的作用，并论述了这些因素随时间推演的变迁。李方和段福印（2013）从审视货币政策新环境的角度，提出中国现行货币政策框架已无法完全适应货币政策新环境，出现了现行的一些货币政策效应不断下降的迹象。因此，针对欧美债务危机渐现转机、量化宽松政策逐步退出，中国经济改革开放深化、经济结构调整转型升级的趋势所面临的新挑战，提出进一步完善中国货币政策框架和创新货币政策工具的建议，货币政策工具由以一般性工具（即传统性工具）为主向同时运用选择性工具，即包括间接信用控制工具、直接信用管制手段在内的多用途工具转型，由以数量型工具的调控为主向以数量型工具和价格型工具配合运用的调控转型；货币政策中介目标由以 M2 与人民币新增贷款为主转向 M2 与社会融资总量并重，同时兼顾多层面的货币流动性指标。货币政策最终目标由币值稳定目标向币值稳定与金融稳定双目标转型，特别注重对货币危机和金融危机的防范和应对。郭晔和杨娇（2012）分别用两种 VAR 模型构建了包含实际房价缺口、实际利率缺口、实际汇率缺口和实际股价缺口在内的我国金融状况指数（financial conlitions index，FCI），并且以次贷危机为基准划分两个子样本进行 FCI 的构成比较，通过比较发现我国的房地产价格和股票价格对通货膨胀的影响已经大大增强，在次贷危机之前房价的影响更大，而次贷危机之后股价的影响更大。同时，我国 FCI 对于通货膨胀具有先导作用，且能够更好地预示宏观经济和金融的走势，将为宏观经济政策制定提供更有效的指示器和参考指标。然而，FCI 中各变量的权重具有很强的数据依赖性，这是其充当我国货币政策指示器的最大阻碍之一。

3. 货币政策传导环境的改变

1）不断涌现的金融创新

自 1996 年利率市场化改革以来，中国金融市场经历了重要的变化，而金融改革的步伐还在加速，金融创新也在不断涌现。货币政策的作用途径正是通过金融市场向实体经济进行传导，进而影响产出和物价水平，因此，货币政策传导的作用机制将会随着金融市场的发展和创新而产生巨大的变化。

在金融创新方面，不可否认创新为市场的发展、经济的增长带来了活力，然而其对货币政策传导所带来的负面影响更不容小觑。一方面，金融创新削弱了货币供应量的可预测性，增加了货币当局的调控难度，且金融创新放大了货币乘数，影响了货币当局对基础货币的控制；另一方面，金融创新也改变了货币需求结构，降低了货币需求的稳定性，进而金融创新放大了市场化效应，弱化了行政性货币政策工具的作用，最终金融创新影响了货币政策传导时滞，给传导机制带来负面效应。何国钦（2009）运用非对称信息理论分析了商业银行的金融创新与货币政策传导效应之间的关系，结果表明要正确处理好金融创新市场、风险、效益与引导、促进、规范之间的关系，同时改进和完善货币供应量指标，可在原有货币层次的基础上适当调整并增加指标 M3 和一个辅助性监测层次 R，但监测重点应当放在 M1、M2，M3 和 R 只作为参考性指标。张学陶和林宝瑞（2009）通过分析美国金融数据，得出了信用衍生品明显削弱货币政策信用传导渠道的结论。斯文（2012）考察了中国衍生品市场发展对货币政策信用传导渠道的影响，结果显示，在利率衍生品推出之前，我国货币政策的信用渠道比较通畅和有效，中央银行能够通过利率控制银行信贷进而实现调节实体经济的目标，随着利率衍生品市场的发展，货币政策信用渠道的有效性大大降低。

在次贷危机和欧债危机爆发后，我国企业及居民融资渠道的多样化等导致了对商业银行依赖性不断下降，这些现象都表明了金融市场发展过程中，金融脱媒现象已经真正地存在于我国经济中。金融脱媒是指资金盈余者和资金短缺者不通过银行等金融中介机构而直接进行资金交易的现象。巴曙松（2012）强调了在 1997 年亚洲金融危机、2007 年美国次贷危机爆发之后各国银行进行变革，金融体系发生了变化，面对纷繁复杂的经济形势，金融脱媒的出现使中国金融监管面临了更大的挑战。金融脱媒现象凸显要求监管部门要进行全面监管并不断提升监管方法，跟上金融脱媒发展的步伐。邱兆祥和粟勤（2011）指出我国金融脱媒在美国次贷危机之后有不断加速的态势，这是由于美国、欧盟等发达国家和地区都遭受到了金融危机的负面影响，经济萎靡不振，希腊、爱尔兰、意大利等国家都出现了债务危机，中国作为世界新兴经济体之一所受到的影响相对较小，"热钱"不断涌入中国市场，这种经济环境造成了金融脱媒程度不断加深和发展速度不断加快，同时他们也指出我国在后危机时代的金融脱媒现象主要是由金融中介体系的不健全所引发的。宋旺和钟正生（2010a）基于 MS-MR 模型对金融脱媒指标进行分析，并结合我国货币政策传导机制在 1991~2007 年的演变进程，实证分析得出我国金融脱媒在 2006~2007 年达到了高潮，金融脱媒在我国将是一个持续而非暂时的过程，稳定和平静的金融脱媒态势是我国金融脱媒未来趋势。金融脱媒的出现必然会对货币政策传导机制产生影响，研究金融脱媒对货币政策传导机制的影响对中央银行制定和调整货币政策具有重要意义。金融脱媒程度的加深有利于疏通我国货币政策传导的利率渠道和资产负债表渠道，提高货币政策的有效性。了解金融脱媒动态，也有利于中央银行正确估计经济主体利率的敏感性，深入了解金融脱媒对各货币政策传导渠道的潜在影响，提高货币政策制定的科学性和前瞻性。宋旺和钟正生（2010b）系统分析了金融脱媒对我国货币政策传导机制的影响后指出，随着我国金融市场的发展和金融脱媒程度的加深，我国货币政策传导中利率渠道开始发挥作用，资产负债表渠道得到拓展，而银行信贷渠道的作用则有所下降。利率渠道和资产负债表渠道效应的提升部分抵消了金融脱媒过程中银行信贷渠道效应弱化给货币政策传导带来的负面影响，为中央银行转变货币政策调控方式奠定了基础。

　　2）不断推进的利率市场化

　　2013 年十八届三中全会指出，经济体制改革是全面深化改革的重点，核心问题是处理好政府和市场的关系，使市场在资源配置中起决定性作用和更好发挥政府作用。完善人民币汇率市场化形成机制，加快推进利率市场化，健全反映市场供求关系的国债收益率曲线。2013 年 7 月 20 日中国人民银行正式宣布全面放开金融机构贷款利率管制，我国利率市场化改革进入关键性阶段。2014 年 3 月 11 日，在十二届全国人大二次会议"金融改革与发展"记者会上，时任中国人民银行行长周小川表示，存款利率放开将在最近两年实现，这也是利率市场化的最后一步。因此，研究利率市场化下货币政策的影响，无疑具有很重要的现实意义。

　　考虑到我国目前货币存量巨大、房地产泡沫、影子银行、平台融资等一系列导致货币政策偏紧的因素，利率市场化的推进将导致未来存款、贷款利率都存在上涨压力。2014 年 3 月中国人民银行行长周小川在两会后举行的记者会上表示，在利率市场化过程中，利率在短期内会上行。金中夏（2013）也指出，随着利率市场化，利率水平将上扬。对利率市场化改革背景下的货币政策，国务院总理李克强在2013年夏季达沃斯论坛上指出，"即使货币市场出现短期波动，我们也沉着应对，不畏艰险，既不放松也不收紧银根"①，说明我国的货币政策短期内不会出现较大幅度的调整。章上峰等（2014）通过构建、校准和模拟开放的新凯恩斯 DSGE，研究了利率市场化对我国货币政策有效性的影响，结果表明，国内外货币政策冲击有助于降低通胀，且利率市场化能更好地控制通胀，随着利率上升，产出对国内外货币政策冲击的初始反应均减弱；随着利率市场化，技术冲击有助于降低通胀和促进经济增长。我国产出波动、通胀波动主要依赖于国内冲击因素，随着利率市场化，其对产出波动、技术冲击的解释力度逐渐增大，对通胀波动、货币政策冲击的解释力度逐渐增大。利率市场化有利于全社会总福利水平提高，且存在一个最优的利率水平（7%左右），使全社会总福利损失达到最小化。金中夏等（2013）通过 DSGE，解释、分析和预测利率完全放开后，名义存款利率上升对我国宏观经济及宏观经济结构所产生的影响。模型的稳态方程、脉冲响应和数值模拟分析结果表明，名义存款利率上升通过提高存款实际利率和企业资本边际成本将有效抑制投资和资本存量增长，提升消费占GDP比重，从而有利于改善经济结构并促进经济可持续发展。在面对外部冲击时，利率上升可以减少宏观经济波动，货币政策冲击对实体经济影响的持续性增强，货币政策利率传导渠道更加通畅，因此应坚定不移地稳步推进利率市场化改革的建议。

　　3）不断加快的人民币国际化进程

　　我国政府于 2009 年启动跨境贸易人民币结算业务，并为此出台了一系列制度安排予以推进。随着人民币跨境流动的逐步深化，货币政策的传导机制将主要体现为对利率、资产价格及汇率传导渠道的影响。传导渠道是否畅通是决定一国货币政策是否有效的关键。从利率传导渠道看，鉴于人民币跨境流动后资本的高流动性，我国的长期利率将越来越受国际因素的影响，通过货币政策直接调控长期实际利率的困难将有所加大。从资产价格传导渠道看，由于境外对我国资本市场的投资需求不断增强，境外人民币资金的大进大出将加剧我国

---

① 李克强出席 2013 夏季达沃斯开幕式并致辞. http://www.xinhuanet.com/fortune/zhibo/2013dwslt_zb2/wzsl.htm, 2013-09-11.

资产价格的波动，进而影响我国国内货币政策调控资产价格的能力。从汇率传导渠道看，随着我国的汇率制度逐步向事实上的浮动汇率制靠拢，人民币跨境流动的深化将导致我国货币供给的变动迅速反映到货币价格上来，巨额资本可以在境内外自由流动将引起人民币汇率的波动效应。周先平（2012）认为跨境贸易推行人民币计价结算是我国一项中长期发展战略，人民币计价结算会通过多方面影响货币政策：一是人民币收付不平衡会导致外汇储备和外汇占款发生变化，进而导致货币供应量变化；二是人民币计价结算促使离岸人民币市场快速发展，在岸人民币利率、汇率受离岸市场影响加大；三是与人民币计价结算相配套的资本项目开放加大了货币政策调控的难度；四是计价结算货币的调整影响汇率变化的传递效应，价格波动性和产出波动性发生变化；五是人民币计价结算还会影响货币需求。应对以上由人民币计价结算而导致的货币政策调控难、货币供应和货币需求发生变化等影响，可行的政策措施包括转变经济增长方式，完善金融市场，加强对国际资本流动的监管，加强货币政策国际合作。严思屏（2012）基于货币政策的视角，分析人民币跨境流动对未来货币政策的影响，认为可以考虑将人民币币值稳定作为货币政策的重要目标之一。因为人民币币值稳定有利于增强境外持有和使用人民币的意愿，这是推进人民币"走出去"的重要基础条件，也是避免人民币跨境流动过程中由币值不稳定造成对国内货币政策影响的必然要求，同时应充分重视利率作为货币政策传导机制的重要性，且中国人民银行可以考虑借鉴国外经验，对资本流入进行"征税"，即实施"非补偿的存款准备金要求"的政策安排。粟勤等（2013）基于外汇储备对基础货币、货币乘数和货币供给的影响机制，分析了外汇占款对中央银行货币发行的影响，发现外汇占款已经成为影响中央银行货币发行的重要因素。

显然，近年来中国货币政策环境的根本性变化已经对中国现行货币政策框架产生了前所未有的挑战，大大削弱了原有货币政策的最终效果。为应对货币政策新环境对货币政策框架带来的挑战，应对现行的我国货币政策框架进行完善，对货币政策工具实行创新，以提高货币政策新环境下的货币政策的有效性。

3.1.3　中国货币政策环境的演变轨迹

回顾我国货币政策环境的演变轨迹（表 3-1），可以看到，在 1984~1986

年，1982 年"翻两番"的战略目标，促使此阶段我国经济呈现高速增长的趋势（由 1982 年的 9.1%上升到 1984 年的 15.2%）。1984~1986 年呈现了经济过热现象。为满足经济高增长带来的投资和消费需求，政府财政赤字逐年增多（1984 年底高达 149 亿美元），银行大量投放货币，通货膨胀率从 1984 年的 2.8%一路上升到 1986 年的 6.5%。在此期间，中国人民银行实施了上调利率、对贷款规模进行限额控制等紧缩性货币政策。1987~1992 年，在应对上一轮通胀的紧缩性货币政策尚未完全发生作用时，1986 年放松信贷的政策进一步导致了通胀。1988 年我国的通货膨胀率高达 18.8%。为满足资金需求，政府加大财政支出，导致财政赤字进一步加大，为解决财政赤字，货币供给大规模增加。这一阶段既包括了较上一阶段更为严重的通货膨胀，又包括了后期的经济收缩。因而，此阶段中国人民银行在前期采取了控制信贷规模、上调法定存款准备金率和利率的紧缩性货币政策；在后期则为了恢复经济，实施了宽松的货币政策。1993~1997 年，经济高速发展，1994 年通胀率上升到 24.1%，外贸赤字高达 679.4 亿美元，人民币大幅贬值。1998~2002 年伴随我国市场经济体制的逐步建立和微观主体地位的不断增强，我国货币政策体系从直接调控转向了间接调控。其中，受 1993~1996 年中央银行实施"适度从紧"货币政策的滞后性与 1997 年亚洲金融危机的双重影响，1998 年我国宏观经济运行中有效需求不足凸显，国内通货紧缩严重，为此中央银行加大运用调控手段和调控工具的力度，适度从紧的货币政策开始转为稳健的货币政策。在调控方式上，此阶段取消了贷款规模限额。2003~2007 年，我国经济处于快速上升期，投资、出口、信贷和外汇储备快速增长，多种因素导致经济遭受通货膨胀的压力，流动性充裕。同时，国际油价大幅上涨，石油进口成本上升，贸易顺差减少。面对较大的通胀压力，中国人民银行采取了一系列的金融政策调控经济，货币政策工具得到了极大的丰富与创新。2008~2009年，美国次贷危机的爆发，使我国经济遭受严重冲击，加之年初的南方雨雪冰冻灾害和汶川地震等引起资金需求急剧增大，我国实施了积极的财政政策和适度宽松的货币政策，并明确取消对金融机构信贷规划的约束，以确保银行体系流动性充足，减缓金融危机对我国经济的冲击。2010~2012年，经济运行态势总体良好，农业和工业生产平稳增长，消费平稳较快增长，对外贸易恢复较快。后期国内物价上涨、产能过剩及人民币升值等压力加大，经济运行遭受了欧债危机的冲击。2013 年至今，经济发展进入新常态，经济持续稳定发展，经济结构不断优化，新产业、新业态、新商业模式不断涌现，进出口平稳增长。面对较大的经济下行压力，并未采取短期强刺激措施，而是通过定向调控，采取了定向降准、定向再贷款、非对称降息等措施。

表 3-1　中国货币政策环境的演变轨迹

时间	货币政策环境
1984~1986 年	经济呈现高增长趋势（由 1982 年的 9.1%上升到 1984 年的 15.2%）。1984~1986 年呈现了经济过热现象。为满足经济高增长带来的投资和消费需求，政府财政赤字逐年增多（1984 年底高达 149 亿美元），银行大量投放货币，通货膨胀率从 1984 年的 2.8%一路上升到 1986 年的 6.5%
1987~1992 年	在应对上一轮通胀的紧缩性货币政策尚未完全发生作用时，1986 年放松信贷的政策进一步导致了通胀。1988 年我国的通货膨胀率高达 18.8%。为满足资金需求，政府加大财政支出，导致财政赤字进一步加大，为解决财政赤字，货币供给大规模增加
1993~1997 年	经济高速发展，1994 年通胀率上升到 24.1%，外贸赤字高达 679.4 亿美元，人民币大幅贬值
1998~2002 年	通缩阶段。深受亚洲金融危机影响，出口下滑，国内市场总需求不足，通缩严重，我国适度从紧的货币政策开始转为稳健的货币政策
2003~2007 年	进入 2003 年后，我国经济处于快速上升期，投资、出口、信贷、外汇储蓄快速增长，通胀压力较大，流动性充裕。同时，国际油价大幅上涨，石油进口成本上升，贸易顺差减少
2008~2009 年	2008 年，美国次贷危机爆发，我国经济遭受严重冲击，并且年初的南方雨雪冰冻灾害和汶川地震等引起资金需求急剧增大
2010~2012 年	经济运行态势总体良好，农业和工业生产平稳增长，消费平稳较快增长，对外贸易恢复较快。后期国内物价上涨、产能过剩及人民币升值等压力加大，经济运行遭受了欧债危机的冲击
2013 年至今	经济发展进入新常态，经济持续稳定发展，经济结构不断优化，新产业、新业态、新商业模式不断涌现，进出口平稳增长。面对较大的经济下行压力，并未采取短期强刺激措施

资料来源：各年度《中国人民银行年报》和《中国宏观经济运行报告》

3.2　中国货币政策目标的演变

3.2.1　中国货币政策目标

1. 最终目标

　　20 世纪 90 年代以来国际金融危机的频繁爆发，使全球经济体开始对宏观经济政策进行反思，各界对危机前货币政策普遍的单一目标和单一工具提出质疑。危机前国际社会一般认为稳定的低通货膨胀率有利于各项经济活动，因此稳定的低通货膨胀率也被作为货币政策的首要甚至是唯一任务。但事实证明，稳定的通货膨胀是宏观经济持续健康发展的必要条件，但不是充分条件。与发达国家以及市场化程度较高的许多新兴市场国家不同的是，中国货币政策的目标是多元化的，需要统筹考虑物价、就业、增长及国际收支等目标之间的关系。这种多目标制与当前中国从计划经济向市场经济的体制转轨有关，同时由于长期面临国际收支双顺差格局，国内流动性被动投放较多，中央银行不得不关注国际收支问题。

周小川（2013）认为我国作为处于经济转型期的发展中国家，由于市场化程度、货币政策运作和传导机制上不同于发达国家，也不同于一些市场化程度较高的新兴市场国家，故单一目标制并不符合我国国情。我国的货币政策具有多重目标：一是维护低通胀；二是推动经济合理增长；三是保持较为充分的就业，维持相对低的失业率；四是维护国际收支平衡。防通胀一直是中央银行最主要的任务和使命，在货币政策中分量最大，即使全球经济逐步回归常态，我国还是会用多重目标制。不过，低通胀的权重将更高于其他三个目标。刘超和马文腾（2015）通过分析通货膨胀与货币政策其他目标的相互作用发现，通货膨胀与货币政策其他目标 GDP、失业率、上证综指、国际收支差额之间具有明显的非线性关系。通货膨胀率各最优目标区间存在交集，表明货币政策五个最终目标之间并不是绝对排斥和矛盾的，它们之间具有协调和兼顾的可能性。因此，我国应该实施多重目标制的货币政策。伍戈和刘琨（2015）针对全球化的趋势和开放经济的特点，对中国"多目标、多工具"的货币政策框架以及规则体系进行了系统分析和实证检验。分析发现，货币当局综合使用公开市场操作、存款准备金、基准利率等货币政策工具，调节银行间市场流动性及市场利率，对通胀与增长等内部均衡目标进行了积极反应。由于我国的货币当局主要基于国际收支尤其是经常账户等状况判断外部均衡状况，并使用汇率政策调节外部失衡，我国货币政策对外部失衡的反应也是积极和显著的。姚余栋等（2014）通过构建一个包含资本流动扰动的开放经济模型，考察了在通胀率与实际汇率双重目标下运用利率与对冲干预工具的"双目标双工具"货币政策框架，并与传统通胀目标制的实施效果进行了对比分析。结果显示，存在资本流动扰动时，"双目标双工具"政策框架显著优于通胀目标制。存在需求和供给扰动时，如资本流动有一定摩擦，"双目标双工具"政策框架同样优于通胀目标制。郭红兵和陈平（2012）通过对五个不同的货币政策工具规则进行比较发现，管制利率规则和贷款规模规则主要致力于名义收入目标；市场利率规则主要致力于通胀目标；基础货币规则主要致力于汇率目标和货币供应量目标；存款准备金率则似乎不适合所设定的规则行事。几乎每个政策工具都隐含四大政策目标却都面临"顾此失彼"的困境，其中市场利率规则表现最好却具有内在不稳定性。因此，在"多工具多目标"背景下，中央银行不宜采用单一的货币政策规则。卞志村和孙俊（2011）使用开放经济下的新凯恩斯模型实证分析了当开放经济体面临冲击时，不同货币政策目标体系下本国各经济变量的反应程度。结果表明，面对国内利率政策、技术，国外通货膨胀，国外产出和国外实际利率冲击时，由灵活通货膨胀目标、资本自由流动和完全浮动的汇率构成的货币政策目标体系能够有效吸收冲击，减缓经济波动。相比而言，严格通胀目标制无法有效吸收国内外冲击，所以我国在开放经济下选择货币政策目标时，并不一定要选择严格通货膨胀目标，可以选择灵活通胀目标、资本自由流动和完全浮动汇率制组成的目标体系框架。

2. 中介目标

货币政策中介目标的选择是制定货币政策的重要环节。理论角度关于货币政策中介目标的选择主要有三种观点：一是凯恩斯主义学派，主张以利率作为货币政策的中介目标；二是货币主义学派，主张以货币供给量为中介目标；三是通货膨胀目标制，即把稳定物价作为货币政策的首要目标，对此中央银行需要监测的不再只是货币供应量，而是一组指标，既包括产出和就业等最终目标变量，又包括货币供应量、利率和汇率等中介目标变量。夏斌和廖强（2001）、吴晶妹（2001）等的理论与实证分析表明货币供应量已不宜作为中国货币政策中介目标，其优势正逐渐下降。田光宁等（2013）基于我国 2002~2012 年的工业增加值、消费物价指数、广义货币供应量、新增信贷和社会融资规模增长率等数据，对三种货币政策中介指标的有效性进行实证研究。在过去，货币供应量的波动和新增信贷均对产出和物价有显著的影响，广义货币供应量和新增信贷是中央银行极为关注的中介指标；而近年来，社会融资规模逐步取代了新增信贷的地位；利率等价格型工具的作用日益突出，取代中央银行惯于使用的公开市场操作和准备金率等数量型工具以及新增信贷等手段，为此中央银行需大力推动利率市场化。任杰和尚友芳（2013）对我国货币政策中介目标选择的实证分析表明，随着利率市场化改革的推进、金融市场的快速发展及金融创新的不断涌现，货币供应量越来越难以监测和控制，利率作为我国货币政策中介目标的条件在不断趋向成熟，建议货币当局动态化管理中介目标，逐步加强利率在货币政策框架中的地位和作用，加强货币当局对利率风险以及金融市场的监测，进一步推动利率市场化。王国刚（2012）通过对 2001~2010 年中国货币政策的最终目标和中间目标实现机理的分析探讨，认为 10 年间中国货币政策调控的中间目标不断变化，但中间目标数量逐步向"新增贷款"等指标收敛，显示了符合中国特色的货币政策调控的中间目标趋于成熟，为此还提出进一步完善中国货币政策调控目标需要解决好货币口径的重新调整问题，关注 CPI 中的非食品类指数走势，并逐步将人民币汇率纳入中间目标的调控范畴。

综上所述，近年来，随着我国利率市场化改革的不断深化，利率政策的作用也越来越明显，利率"微调"已经成为我国宏观经济平稳运行的重要保证。但与发达国家相比，我国的利率政策对宏观经济调控的效果仍然十分有限。徐清（2013）根据凯恩斯的流动性偏好理论，从货币需求与利率相互作用机制的视角，阐释了我国利率政策弱有效性的原因。由于我国货币需求与利率之间并没有显示出凯恩斯的流动性偏好理论中所揭示的关系，我国依旧缺乏以利率为中介目标的货币政策的市场基础，与发达国家相比，我国的利率政策对宏观经济调控的效果仍然十分有限，我国的货币政策依旧过多地依赖银行存款准备金调整、信贷配额等方式，而这些方式又过多依赖于政府对市场的直接干预，容易使经济运行偏离市场机制的轨道。张丽莉和李秀敏（2014）利用中国 1999~2013 年季度数据，构建了由 GDP、CPI、银行间 7 天同业拆借利率（R）、广义货币供应量（M2）以及人民币贷款余额（RMB loan balance，LOAN）组成的五变量模型——SVAR 模型，测算出不同货币政策冲击对产出波动和价格波动的具体效应，结果表明，在货币政策三个中介目标中，信贷冲击对我国产出波动的影响最大，货币供应量冲击对我国价格波动的影响最大，利率冲击对宏观经济的影响最小。

3.2.2　中国货币政策目标的演变轨迹

如表 3-2 所示的中国货币政策目标的演变轨迹，在 1984~1992 年，我国货币政策的中介目标是信贷规模和现金发行，1993~1997 年以信贷规模和货币供应量为中介目标，1995 年后，市场对资金配置作用增强，金融机构业务多元化，信贷规模作为中介目标的作用明显下降，为此，中国人民银行尝试把 1993 年首次公布的货币供应量指标作为货币政策的中介目标，1996 年将货币供应量作为货币政策调控的目标。1998 年，取消对商业银行的贷款限额控制，货币供应量正式成为货币政策的中介目标，直到现在。自 1984 年中国人民银行专门行使中央银行职能，至 1992 年，我国货币政策一直强调双重目标——经济发展和币值稳定。1993~1996 年，主要强调币值稳定，并以此促进经济增长。1993 年出台的《国务院关于金融体制改革的决定》把我国货币政策的最终目标规定为"保持货币的稳定，并以此促进经济增长"；随后 1995 年 3 月 18 日通过的《中华人民共和国中国人民银行法》首次以法律的形式明确规定"货币政策目标是保持货币币值的稳定，并以此促进经济增长"，指出币值稳定是促进经济增长的基础与前提。1997 年，受亚洲金融危机的影响，外汇市场上，人民币大幅度贬值，国际收支出现恶化趋势。国内市场总需求不足，通缩严重。治理通货紧缩，平衡国际收支，促进经济增长成为这一时期我国货币政策的首要目标。此后，随着我国加入 WTO（World Trade Organization，世界贸易组织），货币政策的最终目标逐步演变为稳定物价、充分就业、促进经济增长和平衡国际收支。在次贷危机爆发前，发达经济体大多采用通货膨胀目标制，然而我国尚不具备采用通货膨胀目标制的条件（周小川，2013）。可见，我国货币政策最终目标经历了不同阶段重点不同的演变，但依然是多目标制。

表 3-2　中国货币政策目标的演变轨迹

时间	货币政策中介目标
1984~1992 年	信贷规模和现金发行
1993~1997 年	信贷规模和货币供应量
1998 年至今	货币供应量（贷款限额控制取消，贷款规模成为中央银行的监测指标）
时间	货币政策最终目标
1984~1992 年	双重目标：经济发展和币值稳定
1993~1996 年	保持货币的稳定，并以此促进经济增长
1997~2002 年	治理通货紧缩，平衡国际收支，促进经济增长
2003 年至今	稳定物价、充分就业、促进经济增长和平衡国际收支

资料来源：各年度《中国人民银行年报》和《中国宏观经济运行报告》

3.3　中国货币政策工具的演变

3.3.1　中国货币政策工具的类型

1. 传统货币政策工具

1）法定存款准备金制度

法定存款准备金制度是指商业银行等金融机构按规定比率向中央银行上缴的用于对信用紧缩或扩张的准备金，对市场货币供应量进行间接调控，进而实现货币政策的最终目标。法定存款准备金率的作用除保证商业银行等存款机构的流动性外，对信贷资金的集中调节以及货币供应量的调节亦起到不容忽视的重要作用。

法定存款准备金制度最初为美联储所采用，我国于1984年开始实施，其最初的目的在于保证商业银行的支付和清算，防止金融机构大量贷款导致的流动性不足，从而影响对客户的支付能力。作为货币政策工具之一的法定存款准备金制度，一方面能够保证商业银行等金融机构的支付、清算能力及资金的合理流动性，另一方面可以适时调节货币供应量。但由于法定存款准备金率是影响货币乘数的主要因素之一，在发挥其优点的同时通过货币乘数的多倍扩张（或紧缩）也会对经济造成巨大的冲击，因此该工具也常被称作调整货币供应量的"一剂猛药"，近几年来，发达国家纷纷降低存款准备金率，如加拿大、英国等均已采用了零准备金率政策。而在我国，尤其是2003年以来，中国人民银行频繁上调法定存款准备金率，并成为货币当局非常倚重的调控手段。

2）公开市场操作

公开市场操作，是指中央银行通过买卖有价证券影响货币供应量及利率水平及结构，进而实现货币政策目标的政策工具。公开市场操作的作用在于调控金融机构的准备金和货币供应量，影响利率水平和利率结构，降低货币流通量的波动幅度，并可与再贴现政策配合，提高货币政策效果。我国公开市场操作业务于1998年5月26日才正式恢复并以国债回购为主，但到2007

年已经成为货币当局最为倚重的政策工具之一。其中，中央银行票据是公开市场操作业务中的重要工具之一，是中央银行为调节商业银行超额准备金而向商业银行发行的短期债务凭证。中国人民银行利用发行中央银行票据的方法控制流动性始于 20 世纪 90 年代，起初称为中央银行融资，由于其发行规模较小，未能引起人们的关注。2002 年 9 月 24 日中国人民银行公开市场业务，决定将未到期正回购品种转换为相同期限的中央银行票据的第 3 号公告的发布，可以说是我国中央银行发行中央银行票据的开端。据《2007 年第四季度中国货币政策执行报告》，2007 年末中央银行票据余额达到 3.49 万亿元人民币，成为存量额度最大的债券品种。

3）再贴现和再贷款

再贴现是指中央银行买进商业银行贴现或开具的票据。中央银行通过调整再贴现率、再贴现数额及条件，影响商业银行等金融机构取得基础货币的数量和成本，从而影响货币供应量、实现货币政策目标的一种政策措施。其操作主要包括再贴现数量控制、价格控制及条件控制。再贴现业务最初确立于 1833 年英国的《银行特许法》（Bank Charter Act），之后逐渐为其他国家所效仿和采用。早期的再贴现业务是一种纯粹的信用业务。商业银行通过将其持有的未到期的商业票据在中央银行办理再贴现，获得一定的资金，从而缓解暂时的资金短缺困境。随着中央银行职能的不断完善和调节宏观经济作用的逐日加强，再贴现业务逐步演变成为调节货币供应量的货币政策工具。中央银行通过调整再贴现率，不仅可以影响商业银行等金融机构的准备金和资金成本进而影响其贷款量和货币供应量，还会影响和调整信贷结构的效果。此外，同其他货币政策工具类似，再贴现率的调整亦会影响公众的预期，对金融市场具有货币政策变动方向的告示作用。

2. 非常规货币政策工具

金融危机发生后，以资产支持债券为代表的各种债券价值的不断缩水使市场上金融机构的财务状况不断恶化，债务比例不断攀升。财务困境使金融机构缩减了信贷规模，市场上流动性紧缺，企业的财务成本增加，整个实体经济都面临流动性紧张的困境。为此，美联储在运用传统货币政策工具增加基础货币供给的同时，还创造了许多新工具来辅助传统工具以实现增加流动性，维护金融稳定的目标，这些新工具便被称作非常规货币政策工具。非常规货币政策工具根据其创设目的可以划分为面向存款类金融机构的政策工具、面向货币市场的政策工具、面向一级交易商的政策工具和面向特定金融机构的政策工具四大类。

借鉴国际经验，中国人民银行在次贷危机后陆续推出了中期借贷便利（medium-term lending facility，MLF）、常备借贷便利（standing lending facility，SLF）和抵押补充贷款（pledged supplemental lending，PSL）、预期引导等非常规货币政策工具，具体如下所述。

1）中期借贷便利

2014 年 9 月，中国人民银行创设了中期借贷便利。中期借贷便利是中央银行提供中期基础货币的货币政策工具，对象为符合宏观审慎管理要求的商业银行、政策性银行，可通过招标方式开展。中期借贷便利采取质押方式发放，金融机构提供国债、央行票据、政策性金融债、高等级信用债等优质债券作为合格质押品。中期借贷便利利率发挥中期政策利率的作用，通过调节向金融机构中期融资的成本来对金融机构的资产负债表和市场预期产生影响，引导其向符合国家政策导向的实体经济部门提供低成本资金，促进降低社会融资成本。

2）常备借贷便利

借鉴国际经验，中国人民银行于 2013 年初创设了常备借贷便利。常备借贷便利是中国人民银行正常的流动性供给渠道，主要功能是满足金融机构期限较长的大额流动性需求。对象主要为政策性银行和全国性商业银行。期限为 1~3 个月。利率水平根据货币政策调控、引导市场利率的需要等综合确定。常备借贷便利以抵押方式发放，合格抵押品包括高信用评级的债券类资产及优质信贷资产等。

从国际经验看，中央银行通常综合运用常备借贷便利和公开市场操作两大类货币政策工具管理流动性。常备借贷便利的主要特点：一是由金融机构主动发起，金融机构可根据自身流动性需求申请常备借贷便利；二是常备借贷便利是中央银行与金融机构"一对一"交易，针对性强；三是常备借贷便利的交易对手覆盖面广，通常覆盖存款金融机构。

全球大多数中央银行具备借贷便利类的货币政策工具，但名称各异，如美联储的贴现窗口（discount window）、欧洲中央银行的边际贷款便利（marginal lending facility）、英格兰银行的操作性常备便利（operational standing facility）、日本银行的补充贷款便利（complementary lending facility）、加拿大中央银行的常备流动性便利（standing liquidity facility）、新加坡金管局的常备贷款便利（standing loan facility），以及新兴市场经济体中俄罗斯中央银行的担保贷款（secured loans）、印度储备银行的边际常备便利（marginal standing facility）、韩国中央银行的流动性调整贷款（liquidity adjustment loans）、马来西亚中央银行的抵押贷款（collateralized lending）等。

3）抵押补充贷款

为贯彻落实国务院第 43 次常务会议精神，支持国家开发银行加大对"棚户区改造"重点项目的信贷支持力度，2014 年 4 月，中国人民银行创设抵押补充贷款为开发性金融支持棚改提供长期稳定、成本适当的资金来源。抵押补充贷款的主要功能是为支持国民经济重点领域、薄弱环节和社会事业的发展而对金融机构提供期限较长的大额融资。抵押补充贷款采取质押方式发放，合格抵押品包括高等级债券资产和优质信贷资产。

4）预期引导

预期引导源于中央银行通过货币政策信息，以达到预期引导的效果，也称为口头干预或低利率承诺，是经济危机发生之后，各国中央银行实施非常规货币政策过程中用来影响公众预期的很有效的措施。当名义利率降为零或接近于零时，中央银行已经不能通过利率的进一步下调来影响长期利率，但是中央银行可以通过承诺和沟通，将名义利率在一段时期内保持在较低水平，使公众有了短期利率会维持在低水平的预期，从而使长期利率有了向下的压力，以便更好地完成较低的长期利率目标，让公众的政策预期与未来经济复苏和发展联系在一起。承诺效应在不同国家的实践过程中有着不同的表现，通常将承诺效应分为无条件承诺和有条件承诺。无条件承诺是指中央银行承诺会在一个固定的时间段内保持较低水平的短期利率；有条件承诺是指中央银行向公众承诺，货币当局在完成经济复苏的某个既定的目标之前，不会退出非常规的货币政策。通过对各国的实践研究，发现承诺效应通常为有条件的承诺，因为是在经济危机发生过程中，政府制定经济复苏目标的情况下做出的承诺，它能使公众对货币当局未来的货币政策有个准确的判断，增加信息的对称性，一方面有利于增加人们对长期通货膨胀的预期，另一方面也有利于降低长期名义利率，并因此增加总需求。

3.3.2　中国货币政策工具的演变轨迹

回顾中国货币政策工具的发展历程与演变轨迹（表 3-3），可以看到，伴随货币政策工具的发展，其与资产价格之间的关联对整个经济发展的重要性正在日渐凸显。在 1984~1992 年，中国人民银行货币政策调控模式主要以信贷规模、再贷款和利率管制工具三者组合的直接调控为主，在此阶段货币政策与资产价格之间的关联尚不明显，货币政策的有效性问题也未显现。1993~1997 年则转变为以公开市场操作、再贷款与再贴现及信贷规模和利率管制工具组合的直接与间接的"双轨式"政策调控为主。其中，受 1993~1996 年中国人民银行实施"适度从紧"货币政策的滞后性与 1997 年亚洲金融危机的双重影响，1998 年我国宏观经济运行中有效需求不足凸显，为此中国人民银行加大运用调控手段和调控工具的力度。1998 年 1 月 1 日中国人民银行开始放弃对国有商业银行的信贷规模控制，实施以公开市场操作、调整商业银行存贷款基准利率及法定存款准备金率为主的货币政策。此时，货币政策与资产价格之间的关联影响开始受到来自货币政策制定者和金融市场参与者的日渐关注。1998~2002 年伴随我国市场经济体制的逐步建立和微观主体地位的不断增强，我国货币政策体系从直接调控转向间接调控。尤其1998 年受亚洲金融危机的影响，国内通货紧缩严重，适度从紧的货币政策开始转为稳健。在调控方式上，此阶段取消了贷款规模限额，逐步形成了以利率、公开市场操作、存款准备金率、再贷款和再贴现等手段构成的货币政策工具组合。2003~2008 年，面对较大的通胀压力，中国人民银行采取了一系列的金融政策调控经济，货币政策工具得到了极大的丰富与创新，包括公开市场操作、存款准备金率、利率、汇率和窗口指导等。在此期间，国际学术界涌现了大量有关货币政策与资产价格关联的研究，货币政策与资产价格关联也引起了政策层与市场层的高度重视。2008 年至今，受美国次贷危机的影响，我国实施了积极的财政政策和适度宽松的货币政策，积极参与国际协调救助，并借鉴国际经验，进行了非常规货币政策工具的创新。2006 年至 2008 年 7 月，为缓解市场流动性过剩和通胀压力，中国人民银行连续 8次上调存贷款基准利率，18 次上调法定存款准备金率。面对 2008 年 9 月爆发的华尔街金融危机，中国人民银行 5 次下调存贷款基准利率，4 次下调存款准备金率，并明确取消对金融机构信贷规划的约束，以确保银行体系流动性充足，减缓金融危机对我国经济的冲击。此阶段，总结历数 20 世纪 90 年代以来国际金融危机的频繁爆发，无不是以资产价格泡沫过度膨胀伴随着大规模的信贷扩张、经济长期繁荣促成了公众的乐观预期为特点。在国际金融危机频发背景下，货币政策调整与资产价格波动之间的关联是否已经成为引发资产价格泡沫、金融不稳定的主要诱因引起了国际研究领域的极度关注。

表 3-3　中国货币政策工具的发展与演变轨迹

时间	货币政策工具及调控模式
1984~1992 年	以信贷规模、再贷款和利率管制工具三者组合的直接调控为主
1993~1997 年	以公开市场操作、再贷款与再贴现及信贷规模和利率管制工具组合的直接与间接的"双轨式"政策调控为主。其中，受 1993~1996 年中国人民银行实施"适度从紧"货币政策的滞后性与 1997 年亚洲金融危机的双重影响，1998 年我国宏观经济运行中有效需求不足凸显，为此中国人民银行加大运用调控手段和调控工具的力度。1998 年 1 月 1 日中国人民银行开始放弃对国有商业银行的信贷规模控制，实施以公开市场操作、调整商业银行存贷款基准利率及法定存款准备金率为主的货币政策
1998~2002 年	随着市场经济体制的逐步建立和微观主体地位的不断增强，我国货币政策体系从直接调控转向间接调控。1998 年受亚洲金融危机的影响，国内通货紧缩严重，适度从紧的货币政策开始转为稳健。在调控方式上，取消贷款规模限额，逐步形成了以利率、公开市场操作、存款准备金率、再贷款和再贴现等手段构成的货币政策工具组合
2003~2008 年	进入 2003 年后，我国经济处于快速上升期，多种因素导致经济遭受通货膨胀的压力，为改变流动性充裕的格局，中国人民银行采取一系列的金融政策来调控经济，采用公开市场操作、存款准备金率、利率、汇率和窗口指导进一步丰富并创新货币政策工具
2008 年至今	2008 年 9 月，美国次贷危机演变成全球性的金融危机，我国经济遭受严重冲击。为避免国际金融局势动荡对我国经济造成持续恶化，促进经济平稳较快发展，我国实施了积极的财政政策和适度宽松的货币政策，积极参与国际协调救助，并借鉴国际经验，进行了非常规货币政策工具的创新。在危机发展演变的不同阶段对政策的取向和力度也不同，我国采取了一系列灵活、有效的措施，适时适度调整货币政策工具，确保经济稳定增长，如多次调整法定存款准备金率、加大公开市场操作力度、适时调整利率、完善再贴现政策、增加再贷款发放、改革人民币汇率

资料来源：各年度《中国人民银行年报》和《中国宏观经济运行报告》，中国人民银行官网

3.4　金融危机救助中货币政策工具与救助模式的演变

3.4.1　金融危机救助中货币政策工具的演变

从美国大萧条到欧洲货币体系危机再到墨西哥金融危机、亚洲金融危机

以至次贷危机和欧债危机，回顾历次重大金融危机的救助过程，可以发现，货币政策始终是金融危机救助中最主要和最核心的救助手段与措施。伴随经济环境、金融创新程度与风险来源的不断变化，为使经济体尽快脱离危机，走向复苏，货币政策工具经历了由传统到非常规、由单一利率政策到多种政策协调配合的逐步丰富与演变。尤其是次贷危机爆发以来，为缓解金融体系流动性衰竭，遏制危机的进一步深化，救助过程中货币政策工具得到了极大的创新与丰富。

从表 3-4 中的货币政策工具及其救助对象与救助机制，可以看到，传统货币政策工具主要包括存款准备金制度、再贴现政策和公开市场操作；非常规政策工具包括量化宽松、短期贷款拍卖、短期证券借贷工具（term securities lending facility，TSLF）、一级交易商信贷便利（primary dealer credit facility，PDCF）、货币市场共同基金流动性工具（asset-backed commercial paper money market mutual fund liquidity facility，AMLF）、商业票据融资工具（commercial paper funding facility，CPFF）、货币市场投资者融资工具（money market investor funding facility，MMIFF）、资产抵押证券贷款工具（term asset-backed securities loan facility，TALF）等创新性流动性工具。次贷危机以来，非常规货币政策工具对市场流动性的短缺起到了有效的控制，如短期贷款拍卖自 2009 年 3 月推出起，共向市场上注入流动性达 37 150 亿美元。

表 3-4　货币政策工具及其救助对象与救助机制一览表

货币政策工具	救助对象	救助机制
传统货币政策工具		
存款准备金制度	银行业金融机构	调整商业银行的信用扩张能力，以及对货币乘数的调节
再贴现政策	金融机构	通过中央银行与商业银行之间票据买卖和资金的让渡实现对市场流动性的调节
公开市场操作	金融机构	通过回购交易、现券交易和发行中央银行票据调节市场流动性
非常规货币政策工具		
量化宽松		
短期贷款拍卖	存款机构	美联储每月两次竞拍存款类金融机构为期 28 天和 84 天的抵押贷款
短期证券借贷工具	一级交易商	美联储以拍卖方式用高流动性的国债向其置换低流动性的抵押资产

续表

货币政策工具	救助对象	救助机制
非常规货币政策工具		
一级交易商信贷便利	一级交易商	美联储从贴现窗口为其提供有抵押的隔夜贷款
货币市场共同基金流动性工具	存款机构和银行控股公司	美联储从货币市场共同基金处购买资产支持商业银行票据，为其提供融资
商业票据融资工具	票据发行机构	美联储通过 SPV（special purpose vehicle，特殊目的实体）从商业票据发行方购买短期商业票据
货币市场投资者融资工具	货币市场投资者	美联储对私营特殊目的机构提供融资，促使该机构向货币市场投资者购买各类资产
资产抵押证券贷款工具	家庭、企业、"两房"等机构	美联储向消费贷款和小额贸易贷款支持的资产担保证券持有者提供 2 000 亿美元的无追索权贷款；购买中长期国债

资料来源：各国中央银行网站

3.4.2 金融危机救助中货币政策救助模式的演变

在金融危机救助中，与不断丰富的货币政策工具相对应的货币政策救助模式也经历了包括救助主体、救助范围及救助工具方面的较大改变。

回顾已有的金融危机救助实践，可以发现次贷危机以来的救助过程，不仅体现了对原有金融危机救助模式的继承（如"问题资产救助计划"就是沿袭了 20 世纪北欧银行危机和美国储贷危机中的救助思路与模式），同时，在原有救助模式的基础上，还体现出了进一步的创新发展，如创新的流动性注入工具、空前的国际协调救助规模等。

通过总结，我们发现次贷危机后金融危机救助与国际协调方式的演变主要呈现出救助主体的多样化、救助领域的扩大化、救助工具的创新化及救助方式的扩展多样化的新趋势（图 3-1）。

（1）救助主体的多样化——从单一经济体救助到全球协调救助。

危机救助的主体由 1763 年、1907 年英国和意大利金融危机中以最后贷款人出现的中央银行扩展到 20 世纪 30 年代为应对"大萧条"时的中央银行与政府干预并用，再扩展到 1994 年墨西哥金融危机和 1997 年亚洲金融危机中除中央银行和政府干预外，美国、国际货币基金组织（International Monetary Fund，IMF）、国际清算银行（Bank for International Settlements，BIS）等国家和国际组织的紧急援助，最后扩展到次贷危机、欧债危机以来中央银行、政府、全球各国以及 IMF、BIS、G7、G20 等多边国际组织共同协调救助。

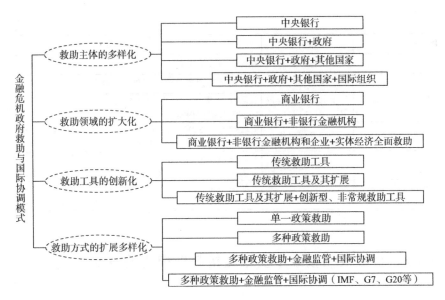

图 3-1　金融危机政府救助与国际协调的模式特征演变图

如表 3-5 所示，次贷危机期间的货币政策协调措施中，2008 年 10 月 8 日，美联储、欧洲中央银行、英格兰银行、加拿大中央银行、瑞士中央银行和瑞典中央银行联合宣布降息 50 个基点。中国人民银行宣布存贷款基准利率降低 0.27 个百分点，存款准备金率下降 0.5 个百分点，协调降息囊括 21 个国家。

表 3-5　应对次贷危机的货币政策协调措施

1.对信贷市场释放流动性	
（1）通过公开市场操作等渠道，各主要国家中央银行向本国货币市场注入流动性	a.向金融机构提供短期信贷；美联储与 14 个国家中央银行建立货币互换协议
	b.直接向借款人和投资者提供流动性，包括购买 3 个月期的 AAA 级商业票据
	c.购买长期资产
（2）建立临时货币互换安排	a.2008 年 10 月 13 日，美联储将与欧洲中央银行、瑞士国家银行、英格兰银行、日本银行的美元互换额度由 6 200 亿美元调至无上限；分别向韩国、新加坡、墨西哥和巴西中央银行各提供 300 亿美元货币互换
	b.欧洲中央银行向俄国、匈牙利、丹麦和冰岛提供 315 亿欧元的货币互换
	c.中国与韩国、印度尼西亚、阿根廷等国签订了共 6 500 亿元人民币的货币互换协议
	d.2009 年 4 月 6 日，美联储与英格兰银行、欧洲中央银行、日本银行和瑞士国家银行分别货币互换 300 亿英镑、800 亿欧元、10 万亿日元和 400 亿瑞士法郎

续表

2.联合降息
2008 年 10 月 8 日，美联储、欧洲中央银行、英格兰银行、加拿大中央银行、瑞士中央银行和瑞典中央 银行联合宣布降息 50 个基点。中国人民银行宣布存贷款基准利率降低 0.27 个百分点，存款准备金率 下降 0.5 个百分点，协调降息囊括 21 个国家

资料来源：各国中央银行网站

（2）救助领域的扩大化——由金融机构扩展到非银行金融机构。

为应对由金融产品创新升级与金融机构关联紧密引致的金融脆弱性的不断加剧，危机救助领域也由北欧银行危机中传统的救助商业银行逐步扩展到美国储贷危机、墨西哥金融危机中对投资机构、保险公司等非银行金融机构、企业的救助，再扩展到次贷危机、欧债危机中对金融机构、企业、实体经济的全面直接救助。

（3）救助工具的创新化——利率单一政策救助模式到多种政策工具的适时协调配合。

经济、金融及政治全球化背景下，金融危机与宏观经济政策的跨国传染日益显著。危机救助工具一方面由 1929 年美国"大萧条"中传统救助工具，如货币政策和财政政策的综合运用演变到对传统工具的扩展创新，如北欧金融危机中芬兰成立的政府担保基金、次贷危机中美国对贴现窗口抵押品的放宽以及购买"有毒资产"；另一方面运用大量非常规救助工具与创新性的流动性工具，如美国、英国、欧元区等国家和地区的量化宽松与信贷放松、短期贷款拍卖、短期证券借贷工具、一级交易商信贷便利、资产抵押证券贷款计划等流动性注入工具。

如表 3-6 所示，次贷危机中的货币政策救助措施中不再仅仅依靠调整利率，还使用了资产担保、提高信贷规模、放松抵押担保及大量的非常规货币政策工具的协调配合。原因在于，随着危机的加深，信用利差扩大，短期资金市场急剧萎缩，传统政策操作已经无法满足整个金融体系的流动性需求（IMF，2009）。多种政策工具的协调配合不仅满足了金融体系与金融市场流动性严重匮乏的需要，还及时扭转了危机中期融资与信贷市场的混乱局面（IMF，2013；Cecchetti，2009；Frank and Hesse，2009；Campbell et al.，2011）。

表 3-6　次贷危机中发达国家（地区）与发展中国家（地区）的货币政策救助措施列举

国家/地区	货币政策措施
发达国家/地区	
欧元区	①下调利率至 1%；②购买 600 亿欧元资产担保证券；③提供长期再融资
英国	①五次下调基准利率至 1%；②购买 1 750 亿美元的政府债券和公司债；③购买 10 亿美元的商业票据；④提供专项流动性支持计划
加拿大	①宽松货币政策；②推出私人资产长期购买和转售协议；③引入定期贷款基准
日本	①银行间无担保隔夜拆借利率 0.5% 下调至 0.3%；②购买 1.8 万亿日元国债、2 万亿日元的商业票据和 2.5 万亿日元的企业及银行股份；③放松抵押担保，实行专项资金供给
韩国	降低基础利率；扩大公开市场业务合格证券范围，向金融市场注入流动性；提高信贷规模上限，对存款准备金支付利息，购买银行持有的"问题资产"，扩大银行体系信用创造的能力；改进贷款担保体系
新加坡	扩张性货币政策，下调新加坡元贸易加权交易区间
发展中国家	
中国	降低存款准备金率和贷款基准利率；实行非常规的信贷增长
印度	降低存款准备金率和基准利率（五次下调共计 4 个百分点）；放松银行国外借款限制，实行特殊融资便利措施，满足银行流动性需求
泰国	降低银行利率，四次共计 2.5 个百分点
马来西亚	降低基准利率共计 2.5 个百分点；增加护盘基金总额，稳定国内股票市场
菲律宾	降低存款准备金率和银行基准利率（六次共计 2 个百分点）；推出以政府证券为担保的银行间借贷安排；加强对海外投资的监管
印度尼西亚	降低政策性利率；允许银行以贷款为抵押获得短期融资，向银行体系注入流动性；增加回购比率，稳定国内股票市场，禁止卖空
越南	降低政策性利率 7 个百分点；扩大汇率波动幅度

资料来源：张荔等（2011）

（4）救助方式的扩展多样化。

危机救助方式由美国"大萧条"、美国储贷危机等时期缺乏国际协调与监管的国内货币政策与财政政策救助扩展到次贷危机、欧债危机中与金融监管相结合的全球经济体与国际组织的联合协调救助，如全球经济体联合降息、联合向金融市场注入流动性、经济体之间的货币互换等。

救助模式的演变不仅是国际金融发展态势变化的体现，还是应对金融创新背景下不断变化的系统性风险的顺势而为。金融自由化与金融创新等国际金融态势的快速发展使金融市场与系统性风险之间的关联日益紧密。一方面，金融市场变革是系统性风险的重要来源，其反馈机制会对系统性风险的传播和扩散起到推波助澜的作用；另一方面，金融市场与金融创新的快速发展为金融创新工具的产生提供了有利条件，但金融创新又使金融系统性风险有了新的来源，如特殊目的实体、投资银行等类银行金融机构（near-bank entities）与传统金融机构的盘根错节，传统金融机构创新性金融产品与业务的大规模拓展等都是极易引发系统性风险的新来源。但是传统的救助措施与方式的着力点远、力度不够，远不能满足由金融创新引致的流动性匮乏。金融危机救助与国际协调模式的变化，为防范金融市场变革带来的风险提供了有效的途径，如多样化的救助主体与扩展化的救助方式将使金融市场跨国溢出风险得到有效控制。金融市场、金融机构到实体经济的全面救助将促使金融市场与宏观经济运行的良性互动，多样化的创新救助工具则是金融产品创新与新兴金融机构充足流动性的有力保障。

3.5　本 章 小 结

本章系统总结并梳理了我国中央银行货币政策环境、目标及工具的演变，包括国内与国际货币政策环境的演变、货币政策中介目标与最终目标的发展、货币政策工具的发展与演变及金融危机救助实践中货币政策工具与操作模式的演变，为后面章节的实证分析提供了比较充分的理论基础。

参 考 文 献

巴曙松. 2012. 危机开启金融监管的新时代. 金融博览，（1）：16-17.

边卫红，陆晓明，高玉伟，等. 2013. 美国量化宽松货币政策调整的影响及对策. 国际金融研究，（9）：21-28.

卞志村，孙俊. 2011. 中国货币政策目标制的选择——基于开放经济体的实证. 国际金融研究，（8）：4-12.

卞志村，孙俊. 2012. 开放经济背景下中国货币财政政策的非对称效应. 国际金融研究，（8）：4-15.

陈福中，陈诚. 2012. 开放经济视角下国际金融危机对中国经济的影响——来自 1994-2010 年省级面板数据的实证证据. 当代经济科学，34（4）：56-63，126.

方显仓，吴锦雯. 2013. 我国货币政策汇率传导有效性的实证检验. 上海金融，（12）：82-87.

高占军. 2015. 中美货币政策的分化与挑战. 第四届"CF40-PIIE 中美经济学家学术交流会".

郭红兵，陈平. 2012. 中国货币政策的工具规则和目标规则——"多工具，多目标"背景下的一个比较实证研究. 金融研究，（8）：29-43.

郭晔，杨娇. 2012. 货币政策的指示器——FCI 的实证检验和比较. 金融研究，（8）：16-28.

何国钦. 2009. 金融创新对货币政策传导的影响分析. 上海金融，（4）：33-37.

黄宪，王露璐，马理，等. 2012. 货币政策操作需要考虑银行资本监管吗？金融研究，（4）：17-31.

贾飙，王博，文艺. 2015. 实施巴塞尔协议Ⅲ对中国宏观经济的影响分析. 南开经济研究，（2）：136-150.

金洪飞，万兰兰，张翅. 2011. 国际金融危机对中国出口贸易的影响. 国际金融研究，（9）：58-68.

金中夏. 2013. 价格型货币调控模式下中央银行操作目标利率如何选择？金融市场研究，（3）：87-96.

金中夏，洪浩，李宏瑾. 2013. 利率市场化对货币政策有效性和经济结构调整的影响. 经济研究，（4）：69-82.

李方，段福印. 2013. 新货币政策环境下的中国货币政策框架完善. 经济学家，（10）：62-69.

连军，马宇. 2015. 金融危机、货币政策与企业资本投资——兼论经济新常态下货币调控何去何从. 上海财经大学学报，（5）：22-33.

林仁文，杨熠. 2014. 中国市场化改革与货币政策有效性演变——基于 DSGE 的模型分析. 管理世界，（6）：39-52.

林文浩，孙薇. 2012. 后危机时代我国汇率政策对通货膨胀的影响. 现代财经（天津财经大学学报），（7）：69-77.

刘超，马文腾. 2015. 基于门限模型的货币政策多目标可协调性研究——来自中国 1993—2013 年季度数据. 财经科学，（3）：33-44.

路妍，刘亚群. 2014. 美日欧量化宽松货币政策对中国货币政策的影响研究. 经济学动态，（4）：97-106.

潘敏，缪海斌，陈晓明. 2011. 金融救市下的中国商业银行信贷扩张行为分析. 武汉大学学报（哲学社会科学版），（2）：92-101.

裴平，张倩，胡志锋. 2009. 国际金融危机对我国出口贸易的影响——基于 2007～2008 年月度数据的实证研究. 金融研究，（8）：103-113.

邱兆祥. 2013. 后危机时代我国利率市场化问题探析——基于央行非对称降息视角. 经济
　　学动态，（5）：74-80.

邱兆祥，粟勤. 2011-11-18. 当前我国的金融脱媒及特点. 光明日报.

任杰，尚友芳. 2013. 我国货币政策中介目标是否应改变为利率——基于扩展的普尔分
　　析的实证研究. 宏观经济研究，（10）：23-31.

斯文. 2012. 论利率衍生品对货币政策信用传导渠道的影响. 现代财经（天津财经大学学
　　报），（9）：30-40.

宋旺. 2011. 我国金融资产管理公司盈利模式研究——基于系统分析法的探索. 金融与经
　　济，（2）：19-22.

宋旺，钟正生. 2010a. 基于 MS-AR 模型的中国金融脱媒趋势分析. 财经研究，36（11）：
　　115-126，134.

宋旺，钟正生. 2010b. 我国金融脱媒对货币政策传导机制的影响：1978—2007. 经济学
　　家，（2）：80-89.

粟勤，王少国，胡正. 2013. 外汇占款对我国货币供给的影响机制研究——基于
　　2000-2012 年央行资产负债表结构变动的分析. 财经科学，（10）：11-20.

谭小芬，熊爱宗，陈思翀. 2013. 美国量化宽松的退出机制、溢出效应与中国的对策. 国
　　际经济评论，（5）：98-108.

田光宁，廖镇宇，韩中睿. 2013. 货币政策中介指标的有效性：2002-2012 年中国的经验.
　　中央财经大学学报，1（7）：25-31.

王国刚. 2012. 中国货币政策调控工具的操作机理：2001—2010. 中国社会科学，
　　（4）：62-82，206.

王晓芳，毛彦军. 2015. 预期到的与未预期到的货币供给冲击及其宏观影响. 经济科学，
　　34（2）：34-47.

吴晶妹. 2001. 评货币政策中介目标——货币供应量. 财贸经济，（7）：16-19.

吴秀波. 2014. 不应低估美联储结束第三轮量化宽松货币政策的影响——兼析人民银行
　　不对称降息的政策效果. 价格理论与实践，（11）：17-21.

伍戈，刘琨. 2015. 探寻中国货币政策的规则体系：多目标与多工具. 国际金融研究，
　　339（1）：15-24.

夏斌，廖强. 2001. 货币供应量已不宜作为当前我国货币政策的中介目标. 经济研究，
　　（8）：33-43.

徐清. 2013. 凯恩斯流动性偏好理论与中国货币政策的有效性——基于利率中介目标的
　　视角. 现代管理科学，（7）：52-54.

薛熠，何茵. 2010. 次贷危机对中国经济的影响——基于创新的金融危机测度指标的实
　　证分析. 金融研究，（5）：69-83.

严思屏. 2012. 人民币跨境流动对货币政策的影响分析. 上海金融，（12）：71-72.

杨晓光，鲍勤，杨翠红. 2013. 新起点——中国经济发展格局的转变与政策选择. 中国科学院院刊，（1）：1-19.

姚余栋，李连发，辛晓岱. 2014. 货币政策规则、资本流动与汇率稳定. 经济研究，（1）：127-139.

张怀清. 2013. 宽松货币政策与新兴市场经济体的政策选择. 国际金融研究，（10）：4-12.

张礼卿. 2011. 量化宽松 II 冲击和中国的政策选择. 国际经济评论，（1）：50-56.

张丽莉，李秀敏. 2014. 基于不同中介目标的中国货币政策效应比较研究. 东北师大学报（哲学社会科学版），（6）：36-41.

张荔，罗春婵，孙颖. 2011. 金融危机救助：理论与经验. 北京：中国金融出版社.

张学陶，林宝瑞. 2009. 信用衍生品对货币政策传导效应的影响. 财经理论与实践，30（4）：8-12.

章上峰，徐龙滨，李荣丽. 2014. 利率市场化对货币政策工具有效性影响——开放条件下动态随机一般均衡分析. 现代财经（天津财经大学学报），（8）：79-91.

周京奎. 2005. 货币政策、银行贷款与住宅价格——对中国 4 个直辖市的实证研究. 财贸经济，（5）：22-27.

周先平. 2012. 跨境贸易人民币计价结算对货币政策的影响及对策研究. 宏观经济研究，（5）：34-37.

周小川. 2013. 新世纪以来中国货币政策的主要特点. 中国金融，（2）：9-10.

IMF. 2009. 全球金融稳定报告. 北京：中国金融出版社.

IMF. 2013. 全球金融稳定报告. 北京：中国金融出版社.

Campbell S，Covitz D，Nelson W，et al. 2011. Securitization markets and central banking: an evaluation of the term asset-backed securities loan facility. Journal of Monetary Economics, 58（5）：518-531.

Cecchetti S. 2009. Crisis and responses: the Federal Reserve in the early stages of the financial crisis. Journal of Economic Perspectives, 23（1）：51-75.

Frank N, Hesse H. 2009. The effectiveness of central bank interventions during the first phase of the subprime crisis. IMF Working Paper, 9（206）：1-28.

第4章 货币政策预期、资产价格与宏观经济联动关系研究

4.1 引　　言

货币政策是各国调控经济冷暖和维持金融市场稳定的有效方法之一，其中以利率政策调整为核心的货币政策是成熟经济体调控经济运行和维持金融市场稳定的最有效的方法之一。中央银行通过定期或不定期地调整短期基准利率，首先影响货币市场短期利率水平，进而影响金融市场上中长期利率产品的回报率水平并进一步扩展至外汇汇率和股票市场等外围金融市场上各种金融产品的价格波动之中。已有研究表明，货币政策调整对总产出和价格水平的影响均具有一定的时滞（郝雁，2004），但随着网络和通信技术在全球金融市场的迅速发展，货币政策的"宣布效应"（"公告效应"）在整个货币政策操作过程中的作用已不容忽视。金融市场对中央银行货币政策操作与相关政策宣示的反应程度和反应模式在很大程度上影响着货币政策的最终目标，这种"宣布效应"不仅关系到中央银行货币政策操作的有效性，对投资者而言还关系到他们能否做出恰当的投资决策并能否对风险进行及时有效的控制和防范。

4.2　货币政策预期、资产价格与宏观经济联动关系研究现状

现有研究表明，可预期到的政策信息对资产价格的冲击较小，而未预期到的货币政策信息对资产价格和市场波动性会产生较强的影响（Bernanke and Kuttner, 2003; Kuttner, 2001; Bonser-Neal et al., 2000; Fleming and Remolona, 1999; Glosten et al., 1993）。

例如，Bernanke 和 Kuttner（2003）用联邦基金期货价格作为货币政策的可预见部分，分析了美联储货币政策调整与股票价格波动之间的关系。该研究表明，货币政策调整影响股市价格波动的原因是通过政策影响预期超额回报率与红利水平。股票价格对市场未预见到货币政策调整的反应，在很大程度上可归因于货币政策操作对上市公司预期回报率的影响。Bonser-Neal 等（2000）利用合理预期理论分析了美国汇率市场对货币政策的反应，研究发现如果中央银行执行紧缩性货币政策，提高联邦准备金利率，美元升值，反之，美元贬值。此外，他们还发现，在紧缩性货币政策预期条件下美元的即期汇率会明显升值，而一旦预期的货币政策得到执行，美元汇率则会反向移动。Kuttner（2001）借助联邦准备金期货利率作为中央银行货币政策调整的可预见部分，对货币政策的国债市场效果进行了实证检验，发现相对货币政策的可预见部分而言，国债市场对未预见到的货币政策调整反应更为显著和强烈，而 Fatum 和 Scholnick（2008）运用联邦准备金期货利率资料检测了汇率市场是否只对预期之外的货币政策调整做出反应。他们研究发现，在相对有效的汇率市场中，汇率实际上只对未预见到的货币政策变化做出反应。美元汇率对有关货币政策调整方面的信息的吸收是及时且有效的。Jensen 等（1996，1998）分析了贴现率政策对股票价格的影响，发现相对紧缩性的货币政策而言，扩张性的货币政策会使股票的预期收益明显上升。Chen（2007）运用 Markov 机制转移方法分析了货币政策对标准普尔 500 指数波动的影响，表明货币政策对熊（牛）市中股票回报率的影响更大（小），且

紧缩性货币政策更容易导致股票市场表现出熊市特征。国内已有相关研究，如孙华妤和马跃（2003）、吴振信和徐宁（2006）等通过动态滚动式 VAR 方法、GARCH 族方法、方差分解及广义矩估计（卢涛和王春峰，2006）等方法对货币政策实施的效果进行了细致的检验与系统的分析，但在检验过程中，没有涉及对政策信息的可预见部分与未可预见部分的区分。Bernanke 和 Kuttner（2003）、Kuttner（2001）、Bonser-Neal 等（2000）的研究表明，货币政策调整中可预见部分对金融市场的冲击较小，而未预见到的部分对市场的波动性具有较强的影响。因此，正如 Bernanke 和 Kuttner（2003）在其研究结论中所指出的，如果对货币政策调整中的可预见部分与不可预见部分不加区分，就必然会低估或者错判货币政策调整对金融市场资产价格波动的实际影响。货币政策调整的可预测成分对市场波动影响较弱，而一次未被市场预测到的政策紧缩则可以引起市场即刻的大幅波动。

　　基于此，本章在分析货币政策、资产价格与宏观经济关联效果时首先尝试对货币政策的可预见和未可预见部分进行区分，目的在于尽量全面和准确地揭示货币政策调整作为市场新信息如何影响三类金融市场及其资产价格的波动，我们也可以据此结果对近年来中央银行货币政策的制定与实施的金融市场效果做出相应的检验。本章以中央银行法定存款准备金率调整为背景，在分别分析中国汇率市场、利率市场及股票市场如何对未预见到的中央银行货币政策调整做出反应的基础上，主要回答如下两个问题：①以法定存款准备金率调整为代表的货币政策调整与宏观经济变动是否是驱动利率市场价格、汇率市场价格和股票市场价格变化的主要因素之一？②金融市场对未可预见的货币政策调整的反应模式及反应速度如何？

4.3　研　究　设　计

4.3.1　研究方法

1）货币政策可预见与未可预见部分的区分

区分货币政策调整的可预见与未可预见部分的方法主要有三种：其一，

基于利率期限结构理论，运用市场的短期（或中期）利率在本次货币政策宣布前一日的利率与上一次货币政策宣布后次日的利率之差作为货币政策可预见的部分，再用货币政策的实际变动与可预见部分之差作为货币政策的未可预见部分（Kuttner，2001；Cook and Hahn，1989）。其二，用市场最短期利率直接逼近中央银行货币政策调整的未可预见部分（Lu et al.，2009；Kearns and Manners，2006）。其三，以市场上认知的主要经济学家的预测作为政策调整的可预见部分（Lobo，2002）。本章将运用第一种方法对货币政策调整的可预见与未可预见部分进行区分与测度，以获得货币政策意外调整成分对相应金融市场的影响。

首先，需要选择能够代表货币政策调整的代理变量。国内已有研究在分析货币政策对金融市场的影响时大多选择货币政策的中介目标货币供应量M2（月度数据）作为中央银行货币政策调整的代理变量。然而，一方面随着资本市场的发展，货币供应的内生性逐渐增强，资金结构和流动速度的不稳定也已影响到货币供应量的可控性与可测性，由此也已影响到我国货币政策的执行效果（韩克勇，2007；赵进文和高辉，2009）；另一方面，从统计的可信性和有效性角度而言，货币供应量 M2 数据是以月为公布频率，这在一定程度上就限制了样本总量，进而易导致统计估计有偏。因而在此货币供应量 M2 不再是货币政策代理变量的最佳选择。

国外相关研究大多将联邦基金期货合约（Bernanke and Kuttner，2003；Kuttner，2001）或银行票据利率期货（bank accepted bill futures）（Kearns and Manners，2006）作为货币政策调整的代理变量。然而，与国外市场不同的是，国内尚未形成类似的短期利率期货产品。国外已有研究中对货币政策代理变量的选择标准，如选以 90 天或 30 天的银行票据利率期货作为货币政策变化的代理变量（Bernanke and Kuttner，2003；Cook and Hahn，1989），不仅源于该种产品较为稳定，更为重要的是该产品在对货币政策调整的反应中表现出较好的预见性和敏捷性。国内现有利率产品中，与之相类似的是我国 2007 年 1 月 4 日正式运行的货币市场基准利率——上海银行间同业拆放利率（Shanghai interbank offered rate，Shibor）。Shibor 不仅具有稳定性与连续性，且现有研究表明，Shibor 具有对货币政策操作和市场资金供求关系做出快速反应的能力，其报价信息对存款准备金率的调整具有一定的预示作用（谢玲芳，2007）。我们通过对样本期内 Shibor 各产品与货币政策变量分别进行协整检验与格兰杰因果检验发现，相对 Shibor 的其余 7 个利率产品，Shibor3M 与所考察的法定存款准备金率之间在统计上表现出最为显著的长期稳定均衡关系和格兰杰因果关系[①]。因而我们选择用 Shibor3M 利率作为货币政策调整的代理变量，并同时选取 Shibor 最短期利率——隔夜利率（ShiborO/N）作对比分析。

其次，以 Shibor3M 利率为例，我们对货币政策调整的可预见与未可预见部分具体的划分方法是将货币政策宣布前一个交易日的 Shibor3M 利率与前一次货币政策宣布后首个交易日的 Shibor3M 利率二者之差作为货币政策变化的可预见部分，用式（4-1）进行计算。

$$\Delta R^e_{mp,t} = R_{O/N,t-1} - R_{O/N,t-(j-1)} \tag{4-1}$$

其中，$\Delta R^e_{mp,t}$ 为货币政策变化的可预见部分；$R_{O/N,t-1}$ 为货币政策宣布前一天的 Shibor3M 利率；$R_{O/N,t-(j-1)}$ 为前一次货币政策宣布后首个交易日的 Shibor3M 利率。

最后，货币政策的未可预见部分 $\Delta R^u_{mp,t}$ 由货币政策的真实变化幅度与货币政策变化的可预见部分之差得到，即

$$\Delta R^u_{mp,t} = \Delta R_{mp,t} - \Delta R^e_{mp,t} \tag{4-2}$$

其中，$\Delta R^u_{mp,t}$ 为货币政策的不可预见部分；$\Delta R_{mp,t}$ 为货币政策的实际变化；$\Delta R^e_{mp,t}$ 为货币政策变化的可预见部分。

2）研究方法及模型

本书采用不对称型条件异方差模型中的 T-GARCH 方法检验货币政策调整对国内利率市场、外汇市场及股票市场波动性的影响。该方法最早由 Glosten 等（1993）提出，是在 Bollerslev（1986）提出的一般 GARCH 方法基础上，进一步考虑了负面经济信息一般会对市场产生更大冲击这一金融市场的常见现象，因而与 GARCH 标准型模型相比该模型更适合模拟市场所出现的周期性与循环性波动模式。同时，我们把市场未预见的货币政策信息纳入 T-GARCH 模型中，依照 Ederington 和 Lee（1993）以及 Li 和 Engle（1998）所采用的方法，对被广泛应用的 T-GARCH 时间序列模型进行推广。

本节所采用的 T-GARCH 推广型模型表述如下：

---

① 此结果与霍天翔和冯宗宪（2009）的研究结论一致。

$$R_{i,t} = b_{i,0} + b_{i,1}R_{i,t-1} + b_2 M_t + \varepsilon_t \qquad (4\text{-}3)$$

$\varepsilon_t|\varphi_{t-1} \sim N(0,h_t)$ ，并且

$$h_{t,1} = \omega + \alpha \varepsilon_{t-1}^2 + \beta h_{t-1} + \gamma I_{t-1}^- \varepsilon_{t-1}^2 + \sum_{j=1}^{3} \theta_j M_j \qquad (4\text{-}4)$$

式（4-3）中，$R_{i,t}$ 代表由市场 i 计算出的自 t–1 日至 t 日的每日回报率（市场 i 包括外汇市场、利率市场和股票市场）；$b_{i,0}$ 为常数项；$b_{i,1}$ 为第 i 种资产价格收益率变动对当期效率变动的影响；$R_{i,t-1}$ 表示市场 i 在 t–1 的回报率；b_2 为货币政策变动对资产收益率的影响；M_t 为市场未预见到的货币政策调整；ε_t 为随机误差。式（4-4）是本节所定义的 T-GARCH（1，1）条件方差方程，用来模拟市场波动性。h_{t-1} 表示随机扰动项的条件方差；$\alpha \varepsilon_{t-1}^2$ 表示随机扰动项滞后一期的平方；I_{t-1}^- 为虚拟变量，当 $\varepsilon_t < 0$ 时，$I_{t-1}^- = 1$，在其他情况下 $I_{t-1}^- = 0$；参数 α 用以捕捉自回归条件异方差（autoregressive conditional heteroskedasticity，ARCH）效应；β 用以测度市场波动的持久性；γ 则为用来测度市场波动的不对称性的参数。若 γ 统计检验显著，则意味着负面的市场信息对市场冲击会大于正面消息所产生的效果。此外，在考察货币政策调整的即期市场效果的同时，我们通过设置三类宏观经济工具变量来测定国内利率市场、外汇市场及股票市场受宏观经济影响的联动效果。我们在此处用参数 θ_j 代表，其中，$j = 1,2,3$ 时分别代表 CPI、工业增加值、社会消费品零售总额。

4.3.2 数据的选择和处理

为使研究同时具有代表性和普适性，我们分别选取上证综合指数、央票总指数（待偿期 1~3 年）和人民币对澳元（RMB/AUD）汇率为研究对象。考虑到 Shibor 的正式发布时间及次贷危机的爆发，我们将样本区间选择为 2009 年 1 月 4 日至 2014 年 5 月 27 日，由于不同市场的交易日不尽相同，我们选取三个市场同时开放的每日收盘价为样本数据，三个市场数据逐日匹配后，共得到 1 289 个交易数据。样本区间内中央银行调整法定存款准备金率共 16 次。

实证分析中，汇率数据选用经通货膨胀系数调整后的人民币对澳元的实际汇率，A 股市场的股票指数数据选用样本期内上证综合指数的每日收盘

价，利率市场数据则选用待偿期为 1 年以下央票总指数的到期收益率，以上数据均来源于中国人民银行和 RESSET 数据库。

4.4 计 量 分 析

4.4.1 数据的统计描述

表 4-1 描述了 2009 年 1 月 4 日至 2015 年 12 月 31 日人民币对澳元汇率、待偿期为 1~3 年的央票总指数到期收益率、上证综合指数三个收益率序列数据的统计特性即自身特点，其中包括了各序列收益率的均值、标准差、偏度、峰度、Jarque-Bera（简称 JB）统计量及 ADF 检验值。从标准差来看，样本区间内，股票市场较汇率市场与利率市场表现出更强的波动性。JB 统计量显示，三个收益率序列的分布均显著异于正态分布，且均表现为尖峰有偏态。ADF 检验结果显示，人民币对澳元汇率与上证综合指数收益率序列为平稳过程，1 年以下央票总指数到期收益率的原序列存在单位根，而其一阶差分序列不存在单位根，为平稳过程。

表 4-1　样本数据的统计描述

资产价格类型	均值	标准差	偏度	峰度	JB 统计量	ADF 检验值
人民币对澳元汇率	0.013	0.827	− 0.172	5.048	231.552	− 36.724
上证综合指数	0.006	1.356	− 0.488	5.847	486.550	− 35.440
央票总指数	3.074	0.825	− 0.262	2.140	54.470	− 1.938
央票总指数（−1）	—	—	—	—	—	− 21.973

注：JB 统计量用于检验序列的正态性；ADF 为单位根检验统计量，用于检验序列的平稳性。央票总指数（−1）代表待偿期为 1~3 年央票总指数到期收益率的一阶差分序列

4.4.2 货币政策调整、外汇市场波动与宏观经济运行

我们选取人民币对澳元汇率为外汇市场汇率代表，测度货币政策调整、

外汇市场波动与宏观经济运行的短期关联关系，表 4-2 显示了我们的实证分析结果。

表 4-2　货币政策调整、外汇市场波动与宏观经济运行

参数	b_0	b_1	b_2	ω	α
预期	-0.008 （0.019）	-0.026 （0.030）	-0.244 （0.598）	0.003^{***} （0.001）	0.010 （0.009）
未预期	-0.009 （0.019）	-0.026 （0.030）	-0.084 （0.256）	0.003^{***} （0.001）	0.010 （0.009）
参数	γ	β	θ_1	θ_2	θ_3
预期	0.050^{***} （0.012）	0.960^{***} （0.007）	0.005 （0.019）	0.031^{*} （0.018）	-0.026^{*} （0.014）
未预期	0.050^{***} （0.012）	0.960^{***} （0.007）	0.005 （0.019）	0.031^{*} （0.018）	-0.026^{*} （0.014）

*、**、***分别表示 10%、5%、1%显著性水平
注：括号中数值为标准误差值

（1）以 Shibor3M 的利率为货币政策的代理变量时，由参数 b_2 代表的未可预见到的货币政策调整对汇率市场资产价格的平均回报率影响不显著。

（2）实证分析中由参数 γ 代表货币政策调整对国内汇率市场波动的非对称性影响。在以 Shibor3M 利率作为货币政策的代理变量时，γ 统计量在 1%的水平上显著，可见在以 Shibor3M 利率为货币政策代理变量时紧缩性政策信息对利率市场的波动冲击明显。宏观经济变量与汇率之间会通过进出口贸易等渠道产生关联互动影响。实证结果表明，在我们的样本区间内，工业增加值和社会消费品零售总额对汇率市场波动在 10%的显著性水平上有显著影响。

4.4.3　货币政策调整、利率市场波动与宏观经济运行

我们以待偿期为 1~3 年的央票总指数到期收益率为研究对象，检测货币政策调整、利率市场波动与宏观经济运行的短期关联关系，最后得出以下结论（表 4-3）。

表 4-3　货币政策调整、利率市场波动与宏观经济运行

参数	b_0	b_1	b_2	ω	α
预期	0.001 （0.003）	0.108^{*} （0.065）	0.058 （0.044）	0.001^{***} （0.000 3）	0.142^{***} （0.026）
未预期	0.002^{*} （0.001）	0.114^{***} （0.036）	-0.014 （0.013）	0.001^{***} （0.000 3）	0.454^{***} （0.038）

续表

参数	γ	β	θ_1	θ_2	θ_3
预期	-0.016 （0.090）	0.564^{***} （0.124）	-0.0002 （0.0000）	-0.0001 （0.0002）	-0.0001 （0.0001）
未预期	-0.279^{***} （0.045）	0.400^{***} （0.046）	-0.0001 （0.0000）	-0.0001 （0.0001）	-0.0001^{***} （0.0000）

*、**、***分别表示 10%、5%、1%显著性水平

注：括号中数值为标准误差值

（1）以 Shibor3M 产品的利率变化作为货币政策调整的可预见部分时，预见部分与未预期部分的货币政策调整对利率市场资产价格的平均回报率影响均不显著。

（2）实证分析中由参数 γ 代表货币政策调整对国内利率市场波动的非对称性影响。以 Shibor3M 利率作为货币政策的代理变量时，未预期的货币政策条件下，γ 统计量在 1%的水平上显著，货币政策可预期部分对利率市场并未产生显著影响。可见在以 Shibor3M 利率为货币政策代理变量时，其未预见到的紧缩性政策信息对利率市场的波动冲击明显。

（3）宏观经济信息对利率市场波动影响的及时性由参数 $\theta_j(j=1,2,3)$ 代表。实证结果表明，在以 Shibor3M 利率为货币政策代理变量时，在货币政策未预见部分的影响下，宏观经济变量中的社会消费品零售总额通过替代、资产组合等效应对利率市场的波动冲击明显。

4.4.4　货币政策调整、股票市场波动与宏观经济运行

分析货币政策调整、股票市场波动与宏观经济运行的短期关联关系时，我们选取上证综合指数作为独立变量，实证分析结果如表 4-4 所示。

表 4-4　货币政策调整、股票市场波动与宏观经济运行

参数	b_0	b_1	b_2	ω	α
预期	-0.015 （0.037）	0.021 （0.031）	0.552 （0.612）	0.037^{***} （0.010）	0.022^{**} （0.010）
未预期	-0.014 （0.036）	0.021 （0.031）	-0.557 （0.486）	0.037^{***} （0.010）	0.022^{**} （0.010）

续表

参数	γ	β	θ_1	θ_2	θ_3
预期	0.016[*] （0.010）	0.950[***] （0.013）	−0.288[***] （0.080）	0.074 （0.060）	0.013 （0.049）
未预期	0.016[*] （0.009）	0.944[***] （0.013）	−0.291[***] （0.081）	0.076 （0.060）	0.012 （0.050）

*、**、***分别表示 10%、5%、1%显著性水平

注：括号中数值为标准误差值

（1）在以 Shibor3M 短期利率为货币政策的代理变量时，未预见的货币政策调整对股票价格的平均回报率没有显著影响。

（2）参数 γ 代表货币政策调整对股票市场波动的非对称性影响。分别以货币政策调整的预期与未预期部分作为政策的代理变量，实证结果显示，紧缩性货币政策调整信息对股票市场冲击明显地比扩张性政策信息大，货币政策调整对股票市场的影响表现出非对称的特点，但其非对称特点的显著性相对汇率市场和利率市场表现较为微弱。

（3）参数 $\theta_j\,(j=1,2,3)$ 代表宏观经济信息的发布对股票市场波动影响的及时性。以 Shibor3M 的变化作为货币政策代理变量时，CPI 对股票市场资产价格波动产生了显著性水平为 1%的影响。

4.5　结论与政策建议

本章通过对货币政策调整中可预见部分和未可预见部分的区分，对由货币政策的意外调整及宏观经济信息的发布而引起的国内三类金融市场波动进行了系统性分析。同时，在研究方法上，除区分货币政策可预见与未可预见部分的方法外，基于 T-GARCH 模型的基准形式，我们将三类宏观经济政策变量纳入 T-GARCH 模型中，构建了推广型 T-GARCH 模型，最后得出如下结论。

（1）以法定存款准备金率为代表的货币政策调整对本章所涉及的三类市场波动的影响均具有非对称性特点，紧缩性货币政策信息对市场的冲击大于扩张性货币政策信息，即紧缩性货币政策能够有效地抑制经济过热，而扩

张性货币政策对经济衰退的制止效果不明显。此结果与严太华和黄华良（2005）、杨定华（2008）等的研究结论一致。

（2）利率市场和汇率对未预见的货币政策调整的反应具有显著的及时性特点，而股票市场相对较弱。这与我国利率市场化进程的逐步加快以及市场对政策的预期密不可分，相对股票市场而言，利率市场对货币政策调整的反应更为敏感。

（3）从市场层面看，货币政策的意外调整与利率市场的关联关系最强，与股票市场的关联关系较利率市场而言更为微弱。宏观经济变量与利率市场、股票市场的关联关系较汇率市场更为显著。从关联关系的变动方向看，在短期层面，代表货币政策变量的法定存款准备金率与股票价格表现为正向关联，而代表生产和消费的宏观经济变量与股票价格表现为负向关联。

4.6　本　章　小　结

本章通过对由货币政策的意外调整及宏观经济政策的发布而引起的国内三类金融市场波动进行了系统性分析。在研究方法上，除区分货币政策可预见与未可预见部分的方法外，基于 T-GARCH 模型的基准形式，我们将三类宏观经济政策变量纳入 T-GARCH 模型中，构建了推广型 T-GARCH 模型。本章研究结论充分证实了作为货币市场基准利率——Shibor 已经具备及时传递货币政策的能力。在未来我国应该继续加大对货币市场基准利率 Shibor 培育的力度，有望将其培育成为我国货币政策价格调控的中介目标，进而为实现我国货币政策由数量型调控向价格型调控的转变奠定坚实的基础。

参　考　文　献

韩克勇. 2007. 关于中国货币政策有效性问题的探讨. 兰州商学院学报, 23（1）: 84-91.

郝雁. 2004. 对中国货币政策效应时滞的实证分析. 南开经济研究，（3）：109-112.

霍天翔，冯宗宪. 2009. 基于 VAR 模型的 Shibor 渠道货币政策传导机制研究. 东南大学学报，（4）：50-56，127.

卢涛，王春峰. 2006. 公开市场操作公告对中国股市交易行为的影响. 北京理工大学学报（社会科学版），8（5）：75-79.

彭兴韵，施华强. 2007. 货币市场对货币政策操作的反应——中国的实证研究. 金融研究，（9a）：20-30.

孙华好，马跃. 2003. 中国货币政策与股票市场的关系. 经济研究，（7）：44-53.

吴振信，徐宁. 2006. 货币政策对股指影响的 GARCH-M 效应研究. 经济问题，（8）：65-66.

谢玲芳. 2007. Shibor 报价偏离度对存款准备金率上调预示性研究. 中国货币市场，（8）：46-48.

严太华，黄华良. 2005. 我国货币政策的非对称性问题研究. 经济问题，（8）：64-66.

杨定华. 2008. 中国货币政策非对称性研究. 经济问题，（11）：21-23.

赵进文，高辉. 2009. 资产价格波动对中国货币政策的影响——基于 1994—2006 年季度数据的实证分析. 中国社会科学，（2）：98-114，206.

Bernanke B S, Kuttner K N. 2003. What explains the stock market's reaction to federal reserve policy? Journal of Finance, 60（3）：1221-1257.

Bollerslev T. 1986. Generalized autoregressive conditional heteroskedasticity. Journal of Econometrics, 31（3）：307-327.

Bonser-Neal C, Roley V V, Sellon G H. 2000. The effect of monetary policy actions on exchange rates under interest-rate targeting. Journal of International Money and Finance, 19（5）：601-631.

Chen S W. 2007. Measuring business cycle turning points in Japan with the Markow Switching panel model. Mathematics and Computers in Simulation, 76（4）：263-270.

Cook T, Hahn T. 1989. The effect of changes in the federal funds target on market interest rates in the 1970s. Journal of Monetary Economics, 24（3）：331-351.

Ederington L H, Lee J H. 1993. How markets process information：news releases and volatility. Journal of Finance, 48（4）：1161-1191.

Fleming M J, Remolona E M. 1999. Price information and liquidity in the US treasury market：the response to public information. Journal of Finance, 54（5）：1901-1915.

Glosten L R, Jagannathan R, Runkle D E. 1993. On the relation between the expected value and the volatility of the nominal excess return on stocks . Journal of Finance, 48（5）：1779-1801.

Kearns J, Manners P. 2006. The impact of monetary policy on the exchange rate: a study using intraday data. Research Discussion Paper, Reserve Bank of Australia.

Kuttner K N. 2001. Monetary policy surprises and interest rates: evidence from the fed funds futures market. Journal of Monetary Economics, 47（3）: 523-544.

Li L, Engle R F. 1998. Macroeconomic announcements and volatility of treasury futures. Discussion Paper, Department of Economics, University of California, San Diego.

Lobo B J. 2002. Interest rate surprises and stock prices. The Financial Review, 37（1）: 73-91.

Lu X, In F, Kou M. 2009. The high-frequency responses of Australian financial futures to unexpected cash rate announcements. Economic Record, 85: S22-S28.

第5章 货币政策、宏观经济预期与资产价格的联动关系研究

5.1 引 言

全球经济一体化的迅速发展与信息技术的快速革新，使资产价格与货币政策及宏观经济之间信息的传递溢出效应逐日复杂与显著。一方面，中央银行货币政策的定期不定期宣布、国家统计部门对宏观经济指标的定期调整宣布，成为影响资产定价及市场波动的核心因素；另一方面，金融资产价格的波动幅度和风险程度又直接影响到金融体系与实体经济的稳定。国际金融危机的频繁爆发，又凸显了资产价格与宏观经济之间动态顺周期关联的负面作用（Athanasoglou et al.，2014；周小川，2009）。从美国 20 世纪 20 年代资本市场的繁荣与萧条到 80 年代日本经济萧条，再到 90 年代后期的亚洲金融危机，直至美国的次贷危机并进而引发的全球经济危机，每次资产价格泡沫过度膨胀都伴随着大规模的信用扩张，而信用急速扩张的背后，则是经济长期繁荣所形成的公众的乐观预期。在经济周期的更迭过程中，金融体系与宏观经济之间的这种顺周期关联催生甚至放大了经济的繁荣与萧条，加剧了经济的周期性波动，并导致金融体系不稳定。在此背景下，如何提升股票市场与货币政策及宏观经济良性互动的论题亟待研究。本章拟以政策预期为视角，在考虑宏观经济变量的同时，分别从政策异质性层面、股票行业层面展开对股票市场与货币政策动态关联的探究，期望能够为规避由金融体系与

宏观经济之间顺周期关联导致的市场大幅波动，促使股票市场与宏观经济达到良性互动提供实证支撑。

5.2　货币政策、宏观经济预期与资产价格的联动关系研究现状

货币政策作为经济体调控经济运行和维持金融市场稳定最有效的工具之一，其制定和调整以及执行效果长期以来备受国内外学术界的广泛关注。

相关研究文献主要集中于资产价格与货币政策、宏观经济政策之间的信息传导与相依互动（Hanousek and Filer，2000；赵振全和张宇，2003；刘少波和丁菊红，2005；王松涛和刘洪玉，2009；Kanas and Ioannidis，2010；Errunza and Hogan，1998；Pierdzioch et al.，2008）、政策预期对资产价格波动的影响（Bernanke and Kuttner，2003；Adams et al.，2004；Bomfim，2003；Kuttner，2001；Andersen and Bollerslev，1998；Kim and Verrecchia，1994）、宏观经济周期与股票市场波动的关系（Officer，1973；Fama and French，1988；Fama，1990；Hamilton and Lin，1996；丁志国等，2007；Vu，2015）、经济政策宣布与资产价格波动的低频与高频分析（Fama，1990；Lee，1992；Ederington and Lee，1993；Fleming and Remolona，1999；Andersen et al.，2003，2007）等方面。

具体而言，在经济预期对资产价格波动的影响方面，国际已有研究表明，未预见到的政策变动信息相对已预见的信息对资产价格和市场波动的影响更为强烈（Bernanke and Kuttner，2003；Adams et al.，2004；Bomfim，2003；Andersen and Bollerslev，1998；Ederington and Lee，1993；Chen，1991）。Li 和 Engle（1998）、Bonser-Neal 等（2000）、Kuttner（2001）、Fatum 和 Scholnick（2008）通过分析美国金融市场对宏观经济政策及货币政策的反应，发现金融市场对政策调整的反应具有明显的不对称性，政策的操作效果受市场预期的影响。在相对有效的金融市场中，资产价格实际上只对未预见到的货币政策变化表现出显著反应。Jensen 和 Johnson（1995）分析

了贴现率政策对股票价格的影响，研究发现，相对紧缩性的货币政策，扩张性的货币政策会使股票的预期收益明显上升。Chen（2007）运用 Markov 机制转移方法分析了货币政策对标准普尔 500 指数波动的影响，最后表明，紧缩性货币政策更容易导致股票市场表现出熊市特征。相对国外研究，国内涉及对政策信息的可预见与不可预见部分的专门区分较少，如孙华好和马跃（2003）、吴振信和徐宁（2006）、彭兴韵和施华强（2007）等通过选取货币供应量和利率为货币政策的衡量指标，运用 VAR 与脉冲响应等方法实证分析了货币政策调整对国内金融市场资产价格的影响，发现货币政策对股票价格有显著影响，对货币市场利率的影响不具持久性，且货币市场利率对不同的货币政策工具的操作反应不尽相同。谢平和袁沁敬（2003）的研究表明利率政策调整操作效果具有时滞特点。短期内，货币政策调整操作会对实体经济产生明显影响，且呈现出显著的非对称性特点（赵进文和闵捷，2005；焦瑾璞等，2006；刘金全和刘兆波，2003）。

　　分析现有研究发现，有关中国资产价格波动与货币政策及宏观经济关联关系方面的研究，已经取得了较为丰富的成果。但是，限于我国金融市场起步较晚等客观条件，现有研究尚存在如下不足：首先，现有研究对于货币政策代理变量的选择讨论不足，这也是导致已有研究结论不一致的重要原因之一；其次，现有研究对宏观经济信息的计量局限于国家统计局公布的数值，未对信息的可预见与不可预见部分进行区分研究，而在国家统计局公布信息前相关的预测机构（如北京大学中国经济研究中心的朗润预测）会定期发布预测值，该信息的发布可能会导致市场对宏观经济信息的提前吸收与反应；再次，现有研究在预期视角下对不同类型的政策工具或经济信息的异质性讨论不足，尤其对资产价格波动中所蕴含的异质性经济信息的长期成分与暂时成分没有进行同时捕捉与区分；最后，现有研究中不乏经济政策与股票市场的行业差异研究，但缺乏对经济政策的暂时与长期成分的行业差异讨论。以上不足易导致对经济政策信息与资产价格之间的关联变化把握有失偏颇，亦不易确定各类经济政策工具与资产价格之间关联影响的不同模式、程度与联系。

　　基于此，本章以沪深 300 指数、沪深两市 20 只股票行业指数与国内货币政策工具及宏观经济变量之间关系为研究对象，在现有文献的基础上，通过构建纳入货币政策及宏观经济因子变量的推广型 C-GARCH 模型，并特别设计区分宏观经济信息的可预见与未预见部分，对在宏观经济预期背景下不同类型的货币政策工具与资产价格波动关联的异同进行计量分析，在获得全面的资产价格波动模式的同时确定经济政策因素中资产价格波动的决定因素，揭示市场信息的波动传递机制特别是金融风险的传导机制。

5.3　研　究　设　计

5.3.1　研究假设

预期对货币政策操作与股票市场联动的影响不容忽视。已有研究表明，预期的存在，使规律性与非规律性调控信息对资产价格波动的影响迥异，相对而言，未预见到的政策变动信息较可预见的信息对资产价格和市场波动的影响更为强烈（Hoffmann，2013；Kalyvitis and Skotida，2010；Bernanke and Kuttner，2003；Adams et al.，2004；Bomfim，2003；Fleming and Remolona，1999；Li and Engle，1998；Andersen and Bollerslev，1998；Kim and Verrecchia，1994；Chen，1991）。因而，在分析经济政策信息与资产价格波动关联作用的过程中，对政策信息宣告的预期作用不容忽视。例如，Bernanke 和 Kuttner（2003）研究认为对经济政策调整中的可预见与不可预见部分的区分是导致低估或误判政策调整对资产价格波动实际影响的重要因素。然而在现有中国市场的研究中，对经济政策信息的计量大多局限于国家统计局公布的数值，未考虑在此之前相关预测机构定期发布的预测值，该信息的发布作为可预见的经济信息变动可能会导致市场对宏观经济信息的提前吸收与反应，为了检验宏观经济预期在中国股票市场的作用，我们做出如下假设。

假设 5-1：国内未预见到的经济政策信息较已预见的部分对股票市场的影响更显著。

货币政策工具的异质性导致不同的政策工具与资产价格之间的互动模式会有所不同，不同类型资产价格对货币政策调整的波动模式及其所蕴含长期风险与短期风险也不同。已有研究大多研究单独一种政策工具与某一类资产价格的互动，然而在不同货币政策工具调整时间相近时，就无法准确捕捉某一特定货币政策工具的操作效果。宏观经济变量中的 GDP、CPI、工业增加值、社会消费品零售总额等对股票价格均有显著影响（Ritter，2003；朱宏泉等，2011；Liu and Sinclair，2008；董坤等，2012；余秋玲和朱宏泉，2014）。经济信息本身的异质性可能导致不同的经济变量对股票市场波动的影响模式和影响程度在不同的时期均表现迥异。为此，我们得出第二个假设。

假设 5-2：异质性货币政策工具与股票市场的关联在长、短期均存在差异。

行业发展的不平衡导致不同行业的市场化程度差异较大，资本结构与产品市场竞争力也因行业特征的不同而不同（姜付秀和刘志彪，2005）。例如，电子、机械等行业的市场化程度较采掘业、电器、仓储等行业的市场化程度高、竞争力强（朱武祥等，2002；朱宏泉等，2011），表现在上市公司股票市场中，市场化程度差异较大的各行业板块对经济信息的吸收与反应速度及其本身与经济的关联程度亦有所不同，因而不同的行业板块对经济政策的反应有所差异，得出本章的第三个假设。

假设 5-3：货币政策的长期与暂时成分对股票市场波动的影响具有行业差异。

5.3.2　研究方法

1. 货币政策代理变量的选择

联邦基金期货合约（Kuttner，2001；Bernanke and Kuttner，2003）或银行票据利率期货（Kearns and Manners，2006）多被国外相关研究作为货币政策调整的代理变量。然而，与国外市场不同的是，国内尚未形成类似的短期利率期货产品。国外已有研究对货币政策代理变量的选择标准，如选以 90 天或 30 天的银行票据利率期货作为货币政策变化的代理变量（Bernanke and Kuttner，2003；Cook and Hahn，1989），不仅源于该种产品较为稳定，更为重要的是该产品还在对货币政策调整的反应中表现出较好的预见性和敏捷性。国内已有文献依据国外货币政策代理变量的选择标准，选择 Shibor 或银行间同业拆借利率作为货币政策的代理变量，但因其与法定存款准备金率、一年期贷款基准利率的异质性，无法衡量政策宣布的可预见与不可预见部分。因此，本章借助工具变量作为货币政策调整的代理变量，样本期内，货币政策调整设为 1，其余为 0，且分别考虑了法定存款准备金率与 1 年期贷款基准利率的调整。

2. 宏观经济信息的可预见与未预见部分的区分

如前所述，在分析经济政策信息与资产价格波动关联作用的过程中，预期的存在，使规律性与非规律性调控信息对资产价格波动的影响迥异（Smales，2012；Chang，2011；Bernanke and Kuttner，2003；Bomfim，2003；Fleming and Remolona，1999；Ederington and Lee，1993；Li and Engle，1998）。基于此，本章将特别区分所选宏观经济指标的可预见与未预见部分。我们借鉴 Lobo（2002）对政策信息可预见与不可预见部分的区分方法，将北京大学中国经济研究中心的朗润预测各期报告对宏观经济运行指标的预测均值作为市场的预测值①。因而未预见到的宏观经济信息 $R_{\text{mic},t}^{u}$ 为政策的实际公布数值 $R_{\text{mic},t}$ 与预测值 $R_{\text{mic},t}^{e}$ 之差，即

$$R_{\text{mic},t}^{u} = R_{\text{mic},t} - R_{\text{mic},t}^{e}$$

3. 假设检验模型

为把握货币政策调整与金融市场资产价格波动的动态关联关系，同时考虑到宏观经济变量的影响，本章基于 Ding 和 Granger（1996）提出的标准 C-GARCH 模型，以外生变量的形式将货币政策、CPI、工业增加值和社会消费品零售总额四个变量分别引入 C-GARCH 模型中的长期与暂时方程中，以捕捉资产价格波动中的不同经济政策指标的变动成分。此外，通过在暂时分量方程中引入非对称成分，分析市场波动杠杆效应的存在性。

本章拟采用的经纳入货币政策工具与宏观经济运行因子于长期分量方程与暂时分量方程而改进的 C-GARCH 模型，具体表述如下。

$$R_{i,t} = b_{i,1}R_{i,t-s} + \varepsilon_t, \ \varepsilon_t \big| I_{t-s} \sim \mathrm{N}\left(0, \sigma_t^2\right)$$

$$q_t = v_i + \rho\left(q_{t-i} - v_i\right) + \varphi\left(\varepsilon_{t-i}^2 - \sigma_{t-i}^2\right) + \lambda r_1 + \eta r_2 + \psi r_3 + \mu r_4$$

---

① 朗润预测是中信、中金、摩根士丹利等金融机构对宏观经济数据的平均预测，具有较强代表性。

$$\sigma_t^2 - q_t = \sum_{i=1}^{n} \alpha_i \left(\varepsilon_{t-i}^2 - v_i \right) + \sum_{i=1}^{n} \beta_i \left(\sigma_{t-i}^2 - q_{t-i} \right) + \gamma \left(\varepsilon_{t-i}^2 - q_{t-i} \right) D_{t-1} + \lambda' r_1 + \eta' r_2 + \psi' r_3 + \mu' r_4$$

其中，$R_{i,t}$ 代表股票 i 在 t 日的收益率；$R_{i,t-s}$ 代表 $t-s$ 日收益率；I_{t-s} 代表 $t-s$ 日所拥有的市场信息集合；v_i 代表长期波动率或条件方差；r_1 代表市场未预见的货币政策变动；r_2、r_3 和 r_4 分别代表市场未预见到的 CPI 变动因子、工业增加值变动因子、社会消费品零售总额变动因子，若长期分量方程中的系数 λ、η、ψ 和 μ 显著不为 0，则表明未预见的货币政策及宏观经济因素 CPI、工业增加值、社会消费品零售总额对股票市场资产价格具有长期的显著影响。暂时分量方程中的系数 λ'、η'、ψ' 和 μ' 代表货币政策与三类宏观经济变量对股票价格的暂时影响。D_{t-1} 为虚拟变量，当 $\varepsilon_{t-1} < 0$ 时，$D_{t-1} = 1$，否则为 0，参数 γ 在此用来刻画受宏观经济影响的市场波动的非对称性特点。此外，q_t 为随时间变化的用于刻画经济周期风险的长期变动，当 ρ 接近于 1 时（一般为 0.99~1），它将在 ρ 的作用下缓慢收敛到 v_i。α_i 用以捕捉市场的波动聚集性；β_i 用以测度市场波动的持久性；q_{t-i} 为随时间变化的用于刻画滞后 i 期时经济周期风险的长期变动；ε_t 为随机扰动项；ε_{t-i}^2 为随机扰动项滞后 i 期的平方；σ_t^2、σ_{t-i}^2 为随机扰动项 t 期与 $t-i$ 期的条件方差，即波动率；n 表示滞后期数。条件方差与长期成分之差，即 $\sigma_t^2 - q_t$ 为暂时成分，用以刻画短期波动风险，它将在 $\alpha + \beta$ 的作用下收敛到 0。

4. 稳健性检验模型

我们将代表货币政策调整的法定存款准备金率与 1 年期贷款基准利率两类政策同时引入 C-GARCH 方法中，以此检验股票市场与货币政策及宏观经济运行关联关系的稳健性，具体表述如下。

$$R_{i,t} = b_{i,1} R_{i,t-s} + \varepsilon_t, \ \varepsilon_t | I_{t-s} \sim N\left(0, \sigma_t^2 \right)$$

$$q_t = v_i + \rho \left(q_{t-i} - v_i \right) + \varphi \left(\varepsilon_{t-i}^2 - \sigma_{t-i}^2 \right) + \lambda_1 r_1 + \lambda_2 r_2 + \eta r_3 + \psi r_4 + \mu r_5$$

$$\sigma_t^2 - q_t = \sum_{i=1}^{m} \alpha_i \left(\varepsilon_{t-i}^2 - v_i \right) + \sum_{i=1}^{n} \beta_i \left(\sigma_{t-i}^2 - q_{t-i} \right) + \gamma \left(\varepsilon_{t-i}^2 - q_{t-i} \right) D_{t-1}$$
$$+ \lambda_1' r_1 + \lambda_2' r_2 + \eta' r_3 + \psi' r_4 + \mu' r_5$$

其中，r_1 和 r_2 分别代表货币政策中的法定存款准备金率与 1 年期贷款基准利率的变动，r_3、r_4 和 r_5 分别代表市场未预见到的 CPI 变动因子、工业增加值变动因子、社会消费品零售总额变动因子，若长期分量方程中的系数 λ、

η、ψ 和 μ 显著不为 0，则表明未预见的货币政策及宏观经济因素 CPI、工业增加值、社会消费品零售总额对股票市场资产价格具有长期的显著影响。暂时分量方程中的系数 λ'、η'、ψ' 和 μ' 代表货币政策与三类宏观经济变量对股票价格的暂时影响。D_{t-1} 为虚拟变量，当 $\varepsilon_{t-1} < 0$ 时，$D_{t-1}=1$，否则为 0，参数 γ 在此用来刻画受宏观经济影响的市场波动的非对称性特点。此外，v 为长期波动率或非条件方差，σ_t 为波动率，q_t 为随时间变化的用于刻画经济周期风险的长期变动，当 ρ 接近 1 时（一般为 0.99~1），它将在 ρ 的作用下缓慢收敛到 v。条件方差与长期成分之差，即 $\sigma_t^2 - q_t$ 为暂时成分，用以刻画短期波动风险，它将在 $\alpha + \beta$ 的作用下收敛到 0。

5.3.3　变量选择与数据的统计描述

本章除选取以工具变量作为货币政策调整宣布的代理变量外，还选取了能够大体反映宏观经济基本态势的 CPI、工业增加值和社会消费品零售总额三类宏观经济运行指标分别代表物价、生产和消费，用沪深 300 指数以及上海证券交易所和深圳证券交易所的 20 只行业分类股票价格指数代表股票市场资产价格。为获得稳定的检测结果，本章选取的样本区间为次贷危机后 2009 年 1 月 4 日至 2014 年 4 月 30 日。本章所有数据源于 Wind 数据库与 CMRC 朗润预测。

表 5-1 为样本区间 2009 年 1 月 4 日至 2014 年 4 月 30 日期间沪深 300 指数收益率序列数据的统计描述。

表 5-1　样本收益率序列数据的统计描述

指数	均值	标准差	偏度	峰度	JB 统计量	ADF 检验值
沪深 300 指数	0.011	1.536	− 0.281	4.987	228.890	− 35.259
上证能源	− 0.025 880	1.928 910	− 0.025 600	4.923 419	196.831 600	− 33.982
上证材料	− 0.005 910	1.886 153	− 0.265 690	4.849 572	196.891 100	− 33.218
上证工业	− 0.019 380	1.564 851	− 0.383 560	4.861 319	215.484 000	− 33.965
上证可选	0.035 808	1.692 434	− 0.408 250	4.291 951	124.187 600	− 25.525
上证消费	0.038 615	1.563 906	− 0.447 600	4.057 925	102.112 000	− 33.000
上证医药	0.058 597	1.670 368	− 0.229 710	3.981 955	62.486 570	− 25.661
上证金融	0.010 394	1.698 521	0.096 811	5.223 501	264.846 800	− 36.319

续表

指数	均值	标准差	偏度	峰度	JB 统计量	ADF 检验值
上证信息	0.043 055	1.976 360	− 0.411 140	3.632 240	57.200 740	− 33.598
上证电信	0.007 138	1.819 793	− 0.276 900	3.937 768	63.061 640	− 26.122
上证公用	− 0.003 110	1.425 014	− 0.599 700	5.534 693	418.062 700	− 34.409
深证能源	− 0.094 546	1.738 711	− 0.153 217	4.345 269	55.205 830	− 19.887
深证材料	− 0.100 036	1.634 606	− 0.186 742	4.530 421	71.968 710	− 25.054
深证工业	− 0.052 788	1.586 401	− 0.215 778	3.900 307	28.906 990	− 19.491
深证可选	− 0.007 581	1.421 402	− 0.257 389	3.657 374	20.217 000	− 20.191
深证消费	− 0.048 800	1.359 570	− 0.060 698	3.526 469	8.465 300	− 24.326
深证医药	0.010 612	1.447 712	− 0.055 840	3.235 358	1.968 112	− 19.571
深证金融	− 0.027 003	1.743 844	0.024 492	5.087 142	126.398 300	− 26.590
深证信息	0.025 381	1.757 149	− 0.301 261	3.385 386	14.835 110	− 19.957
深证电信	− 0.006 096	1.926 920	− 0.307 303	3.414 987	15.948 670	− 20.235
深证公用	− 0.027 837	1.426 163	− 0.401 564	4.567 588	89.968 060	− 19.209

注：JB 统计量用于检验序列的正态性；ADF 为单位根检验统计量，用于检验序列的平稳性

在 2009 年 1 月 4 日至 2014 年 4 月 30 日期间，沪深 300 指数收益率序列以及上海证券交易所和深圳证券交易所的 20 只行业分类股票价格指数显著异于正态分布，为尖峰有偏态。行业股票指数中，上证行业个股指数波动幅度较深证行业个股更强，且主要分布在能源、材料、信息和电信等行业。具体而言，波动幅度相对较大的个股包括上证能源、上证材料、上证信息、上证电信、深证电信，波动幅度相对较小的个股包括深证公用、深证可选、深证消费、深证医药、上证公用。ADF 检验结果显示，沪深 300 指数与行业股票指数收益率序列均较为平稳。

5.4　计　量　分　析

5.4.1　预期对股票价格波动与货币政策关联的影响

如表 5-2 所示，在宏观经济预见与未预见条件下，经济政策对股票市场均存在非对称影响，但在未预期条件下贷款基准利率引致的非对称影响较预期条

件下更强。具体而言，预期与未预期二者的 γ 均显著且大于 0，即表明经济政策与股票市场的短期波动具有非对称影响，且负面的市场信息对市场冲击会大于正面信息所产生的效果，同时，贷款基准利率 γ（未预期）0.090$>\gamma$ 贷款基准利率（预期）0.086。而具体到法定存款准备金率与 1 年期贷款基准利率两类货币政策工具，以及代表物价、生产和消费的三类宏观经济指标对股票市场的冲击效果，观察长期分量方程的 λ、η、ψ 和 μ 可知，在预期情况下，两类货币政策工具和三类宏观经济指标对股票价格均未产生显著影响，而在未预期情况下，λ、ψ 和 μ 分别在 1%、1% 和 5% 的显著性水平下显著不为 0，即未预期到的法定存款准备金率调整、工业增加值和社会消费品零售总额的信息对股票市场产生了显著的长期冲击。分析其原因在于法定存款准备金率的调整对市场流动性的显著影响在股票收益率上则表现为政策上调，收益率下降，由于我们对货币政策变量设定为 1，在此情况下，其结果更多地表现为政策上调的效果。社会消费品零售总额代表了公众对消费的期望，总额越大，期望越高，企业的营利能力得以提高，反映在相应的上市公司上，其股票收益率增加。暂时分量方程与长期分量方程表现不同的是，在宏观经济预期条件下，依然表现出显著的货币政策效果，但相对未预期条件下的显著性明显降低。

表 5-2　货币政策调整与股票价格波动关联关系的预期差异实证分析结果

$b_{i,1}$	长期分量方程						
	v	ρ	φ	λ	η	ψ	μ
未预期部分（货币政策工具：法定存款准备金率）							
−0.014 （0.028）	2.181*** （0.100）	0.943*** （0.008）	0.009 （0.039）	−8.924*** （2.394）	−0.301 （2.831）	4.678*** （1.536）	2.564** （1.027）
AIC	3.596						
未预期部分（货币政策工具：贷款基准利率）							
−0.022 （0.027）	2.107*** （0.182）	0.954*** （0.017）	0.036 （0.027）	−0.569 （0.878）	−0.527 （1.670）	0.412 （0.484）	0.350 （0.454）
AIC	3.613						
预期部分（货币政策工具：法定存款准备金率）							
−0.019 （0.026）	2.102*** （0.220）	0.936*** （0.020）	0.054 （0.040）	−1.439 （1.270）	−1.022 （0.734）	0.135 （0.422）	0.030 （0.297）
AIC	3.596						
预期部分（货币政策工具：贷款基准利率）							
−0.015 （0.026）	2.066*** （0.207）	0.941*** （0.020）	0.060 （0.043）	0.047 （1.005）	−1.093 （0.769）	0.167 （0.396）	0.025 （0.274）
AIC	3.602						

续表

$b_{i,1}$	暂时分量方程						
	α	β	γ	λ'	η'	ψ'	μ'
未预期部分（货币政策工具：法定存款准备金率）							
−0.014 （0.028）	−0.054 （0.044）	0.946*** （0.044）	0.078*** （0.014）	10.060*** （2.507）	0.393 （3.017）	−4.780*** （1.622）	−2.205** （1.043）
AIC	lg L	−2 259.74					
未预期部分（货币政策工具：贷款基准利率）							
−0.022 （0.027）	−0.090*** （0.032）	0.903*** （0.107）	0.090** （0.033）	0.541 （1.280）	0.317 （2.885）	−0.321 （0.640）	0.055 （0.519）
AIC	lg L	−2 270.37					
预期部分（货币政策工具：法定存款准备金率）							
−0.019 （0.026）	−0.120*** （0.040）	0.914*** （0.084）	0.093*** （0.027）	2.684* （1.585）	1.455* （0.765）	0.058 （0.659）	−0.221 （0.430）
AIC	lg L	−2 259.22					
预期部分（货币政策工具：贷款基准利率）							
−0.015 （0.026）	−0.120*** （0.042）	0.922*** （0.096）	0.086*** （0.028）	−0.488 （1.288）	1.493* （0.789）	0.041 （0.633）	−0.223 （0.408）
AIC	lg L	−2 262.98					

*、**、***分别表示 10%、5%、1%显著性水平

注：括号中数值为标准误差值

5.4.2　政策信息的异质性对股票市场与货币政策关联的影响分析

从政策信息的不同层面来看，结合表 5-2、表 5-3 与表 5-4，观察分别代表货币政策、CPI、工业增加值和社会消费品零售总额的 λ、η、ψ 和 μ 可知，样本区间内代表两类货币政策工具以及物价、生产和消费的三类宏观经济运行指标中，无论是长期层面还是短期层面，从关联关系的显著程度看，法定存款准备金率、工业增加值与股票价格波动的关联关系最强，社会消费品零售总额次之，CPI 与贷款基准利率最弱。从关联关系的变动方向看，在长期层面，法定存款准备金率与股票价格呈显著的负向关联，社会消费品零售总额、工业增加值均与股票价格呈显著的正向关联；在短期层面，代表货币政策变量的法定存款准备金率与股票价格转为正向关联，而代表生产和消费的宏观经济变量与股票价格转为负向关联。

表 5-3　货币政策调整（法定存款准备金率）与股票价格波动关联关系的行业差异实证分析结果

指数	$b_{i,1}$	长期分量方程								
		$\bar{w}_2$	ρ_3	ϕ	λ	η	ψ	μ	AIC	lg L
上证能源	0.047*** (0.001)	3.877*** (0.680)	0.980*** (0.010)	0.040*** (0.014)	−0.772 (0.494)	−0.026 (1.446)	0.828** (0.399)	0.084 (0.307)	4.074	−2 582.330
上证可选	0.058** (0.027)	2.758*** (0.144)	0.970*** (0.003)	−0.051** (0.021)	−2.375 (1.732)	−3.918* (2.073)	2.516** (1.175)	0.794 (0.628)	3.804	−2 410.020
上证消费	0.073*** (0.008)	2.301*** (0.152)	0.975*** (0.003)	−0.098** (0.046)	−1.043 (0.908)	−5.460*** (1.991)	0.839 (0.804)	1.828** (0.721)	3.632	−2 300.220
上证医药	0.123*** (0.000 1)	2.642*** (0.294)	0.994*** (0.003)	−0.011 (0.008)	0.168 (0.189)	−1.006 (0.634)	−0.108 (0.190)	0.346 (0.251)	3.807	−2 411.890
上证金融	−0.02 (0.026)	2.973*** (0.461)	0.983*** (0.007)	0.021** (0.009)	−0.405 (0.308)	−0.823 (0.669)	0.240 (0.211)	0.286* (0.155)	3.822	−2 421.290
上证信息	0.049* (0.029)	4.191*** (0.368)	0.970*** (0.008)	−0.091 (0.096)	−6.870 (6.593)	−5.576 (7.735)	5.153 (5.031)	−0.561 (2.080)	4.140	−2 624.230
上证公用	0.037 (0.027)	1.725*** (0.152)	0.967*** (0.012)	0.019 (0.014)	−0.704 (0.500)	−0.376 (0.812)	0.784** (0.382)	0.051 (0.234)	3.410	−2 158.830
深证能源	0.036 (0.035)	2.487*** (0.165)	0.933*** (0.015)	−0.017 (0.071)	−22.344 (14.219)	−7.202 (13.879)	5.805 (5.213)	0.808 (2.448)	3.933	−1 351.560
深证材料	0.067* (0.035)	1.837*** (0.233)	0.983*** (0.012)	−0.031 (0.024)	3.553 (3.400)	4.450 (4.078)	−0.784 (1.182)	0.610 (0.835)	3.787	−1 300.990
深证工业	0.074** (0.035)	2.589*** (0.213)	0.816*** (0.125)	0.124 (0.262)	−2.118 (4.465)	14.866 (28.298)	2.203 (4.778)	0.831 (0.975)	3.774	−1 296.380
深证医药	0.062* (0.034)	2.187*** (0.198)	0.861*** (0.068)	0.114 (0.075)	−2.047 (1.550)	2.902 (3.294)	1.511 (1.318)	0.884*** (0.267)	3.552	−1 219.400
深证电信	0.109*** (0.037)	4.122*** (0.889)	0.986*** (0.024)	0.023 (0.021)	−0.370 (0.844)	0.862 (1.606)	−0.168 (0.832)	0.366 (0.368)	4.147	−1 425.960

指数	$b_{i,1}$	暂时分量方程								
		α_9	β_{11}	γ_{10}	λ'	η'	ψ'	μ'	AIC	lg L
上证能源	0.047*** (0.001)	−0.023 (0.046)	0.703 (0.169)	−0.020 (0.048)	2.913* (1.609)	0.001 (4.040)	−0.511 (0.493)	0.622* (0.335)	4.074	−2 582.330
上证可选	0.058** (0.027)	0.015 (0.030)	0.899*** (0.025)	0.075*** (0.023)	2.893 (1.876)	4.882 (3.028)	−2.520** (1.233)	−0.256 (0.667)	3.804	−2 410.020
上证消费	0.073*** (0.008)	0.087 (0.056)	0.830*** (0.050)	0.077*** (0.023)	1.999* (1.070)	6.390*** (2.438)	−1.050 (0.900)	−1.726** (0.761)	3.632	−2 300.220
上证医药	0.123*** (0.000 1)	0.025 (0.034)	0.810*** (0.071)	0.054 (0.041)	1.027 (0.803)	2.313 (1.924)	0.480 (0.398)	0.361 (0.248)	3.807	−2 411.890
上证金融	−0.020 (0.026)	−0.050** (0.023)	0.296 (0.243)	0.017 (0.045)	3.463** (1.594)	1.991 (2.367)	0.215 (0.226)	0.311* (0.170)	3.822	−2 421.290
上证信息	0.049* (0.029)	0.117 (0.110)	0.824*** (0.093)	0.034 (0.025)	7.572 (6.641)	7.989 (8.479)	−5.027 (5.209)	1.134 (2.127)	4.140	−2 624.230
上证公用	0.037 (0.027)	−0.080*** (0.019)	0.877*** (0.047)	0.149*** (0.034)	1.708* (1.011)	−0.060 (1.191)	−0.487 (0.477)	0.098 (0.413)	3.410	−2 158.830

续表

指数	$b_{i,1}$	暂时分量方程							AIC	lg L
		α_9	β_{11}	γ_{10}	λ'	η'	ψ'	μ'		
深证能源	0.036 (0.035)	−0.027 (0.061)	0.954*** (0.057)	0.042** (0.018)	21.375 (14.176)	7.261 (12.808)	−5.205 (5.062)	−0.047 (2.416)	3.933	−1 351.560
深证材料	0.067* (0.035)	−0.001 (0.037)	0.896*** (0.044)	0.081* (0.042)	−3.883 (3.247)	−4.175 (5.974)	1.055 (1.420)	−0.258 (0.908)	3.787	−1 300.990
深证工业	0.074** (0.035)	−0.186 (0.254)	0.806* (0.466)	0.055 (0.046)	2.758 (4.798)	−16.581 (28.251)	−2.749 (5.337)	0.067 (0.984)	3.774	−1 296.380
深证医药	0.062* (0.034)	−0.173** (0.078)	0.670*** (0.208)	0.058 (0.063)	4.577** (2.002)	−5.353 (3.870)	−2.825** (1.435)	−0.130 (0.300)	3.552	−1 219.400
深证电信	0.109*** (0.037)	−0.012 (0.029)	−0.840*** (0.070)	0.012 (0.039)	−0.586 (0.909)	6.589*** (1.797)	0.193 (0.950)	0.999** (0.413)	4.147	−1 425.960

*、**、***分别表示 10%、5%、1%显著性水平

注：括号中数值为标准误差值

表 5-4　货币政策调整（1 年期贷款基准利率）与股票价格波动关联关系的行业差异实证分析结果

指数	$b_{i,1}$	长期分量方程							AIC	lg L
		$\overline{w}_2$	ρ_3	ϕ	λ	η	ψ	μ		
上证能源	0.045 (0.028)	3.426*** (0.640)	0.987*** (0.007)	0.031*** (0.011)	0.274 (0.542)	−0.891 (1.214)	0.209 (0.301)	0.332 (0.217)	4.077	−2 583.970
上证消费	0.094*** (0.028)	2.121*** (0.127)	0.987*** (0.003)	−0.023* (0.014)	0.664* (0.375)	−2.050*** (0.749)	0.395** (0.156)	0.396** (0.200)	3.642	−2 306.830
上证医药	0.129*** (0.036)	2.460*** (0.578)	0.996*** (0.003)	−0.006 (0.006)	0.496 (0.303)	−1.181* (0.605)	−0.026 (0.154)	0.290 (0.240)	3.810	−2 413.660
上证金融	−0.020*** (0.001)	2.817*** (0.442)	0.989*** (0.005)	0.017** (0.007)	−0.298 (0.221)	−0.513 (0.620)	0.004 (0.173)	0.295* (0.155)	3.826	−2 424.330
上证信息	0.045 (0.030)	4.047*** (0.316)	0.979*** (0.007)	−0.154 (0.367)	−0.451 (4.029)	−11.969 (23.373)	3.625 (6.985)	0.073 (2.214)	4.142	−2 625.320
上证公用	0.039 (0.028)	1.641*** (0.157)	0.971*** (0.011)	0.023 (0.014)	0.096 (0.313)	−0.308 (0.842)	0.536** (0.251)	0.157 (0.183)	3.416	−2 162.650
深证能源	0.049*** (0.000)	3.017*** (0.216)	0.193 (0.368)	0.029 (0.072)	7.721 (13.072)	−13.442 (17.904)	−0.799 (2.637)	2.172 (2.799)	3.958	−1 360.370
深证材料	0.055 (0.039)	2.528*** (0.341)	0.957*** (0.039)	0.034 (0.027)	−0.462 (1.173)	3.757 (2.789)	−0.319 (0.497)	0.265 (0.372)	3.827	−1 314.950
深证工业	0.073*** (0.000)	2.566*** (0.210)	0.821*** (0.136)	0.112 (0.249)	−0.298 (2.902)	13.601 (27.036)	1.987 (4.656)	0.791 (0.928)	3.774	−1 296.470
深证医药	0.059* (0.035)	2.132*** (0.190)	0.862*** (0.072)	0.113 (0.080)	0.129 (1.382)	3.383 (3.736)	1.313 (1.301)	0.896*** (0.300)	3.554	−1 220.170
深证电信	0.099*** (0.000)	3.917*** (0.476)	0.966*** (0.029)	0.025 (0.018)	−0.885 (0.669)	0.233 (2.285)	−0.611 (0.835)	0.840*** (0.291)	4.152	−1 427.820

指数	$b_{i,1}$	暂时分量方程							AIC	lg L
		α_9	β_{11}	γ_{10}	λ'	η'	ψ'	μ'		
上证能源	0.045 (0.028)	−0.002 (0.049)	−0.374 (0.494)	−0.039 (0.060)	−1.598* (0.930)	1.841 (4.500)	−0.046 (0.633)	0.373 (0.282)	4.077	−2 583.970

续表

指数	$b_{i,1}$	暂时分量方程							AIC	$\lg L$
		α_9	β_{11}	γ_{10}	λ'	η'	ψ'	μ'		
上证消费	0.094*** (0.028)	0.044 (0.036)	0.813*** (0.053)	0.067* (0.039)	-0.136 (0.844)	3.007** (1.458)	-0.469* (0.284)	0.040 (0.219)	3.642	-2 306.830
上证医药	0.129*** (0.036)	0.032 (0.036)	0.799*** (0.063)	0.056 (0.043)	0.393 (1.039)	1.922 (1.737)	0.317 (0.405)	0.556*** (0.177)	3.810	-2 413.660
上证金融	-0.020*** (0.001)	-0.050*** (0.014)	-0.049 (0.452)	0.036 (0.046)	0.777 (1.276)	2.059 (2.951)	0.161 (0.221)	0.361** (0.164)	3.826	-2 424.330
上证信息	0.045 (0.030)	0.205 (0.351)	0.764** (0.337)	-0.001 (0.023)	0.665 (4.328)	12.982 (23.449)	-3.209 (6.993)	0.491 (2.179)	4.142	-2 625.320
上证公用	0.039 (0.028)	-0.090*** (0.017)	0.849*** (0.060)	0.148*** (0.032)	-0.397 (0.615)	-0.372 (1.369)	-0.231 (0.343)	0.052 (0.312)	3.416	-2 162.650
深证能源	0.049*** (0.000)	0.038 (0.079)	-0.293 (0.321)	-0.101** (0.047)	-9.538 (13.038)	12.332 (16.530)	1.401 (2.584)	-1.496 (2.787)	3.958	-1 360.370
深证材料	0.055 (0.039)	-0.066 (0.056)	0.592 (0.416)	0.086 (0.071)	0.646 (1.903)	-4.453 (9.026)	-0.612 (1.555)	0.560 (0.606)	3.827	-1 314.950
深证工业	0.073*** (0.000)	-0.174 (0.240)	0.784 (0.484)	0.058 (0.048)	0.387 (3.795)	-15.254 (26.798)	-2.567 (5.228)	0.100 (0.923)	3.774	-1 296.470
深证医药	0.059* (0.035)	-0.168** (0.085)	0.664*** (0.227)	0.065 (0.064)	1.116 (2.532)	-5.804 (4.290)	-2.617* (1.409)	-0.158 (0.328)	3.554	-1 220.170
深证电信	0.099*** (0.000)	-0.029 (0.028)	-0.850*** (0.094)	0.028 (0.034)	0.088 (0.610)	5.598** (2.716)	0.406 (1.006)	0.529 (0.336)	4.152	-1 427.820

*、**、***分别表示10%、5%、1%显著性水平

注：括号中数值为标准误差值

5.4.3　行业差异对股票市场与货币政策关联的影响分析①

如表 5-3 所示，货币政策调整与股票价格波动关联关系的行业差异实证分析结果显示，与货币政策变量关联较大的行业主要分布在材料、消费、能源和金融行业，且在统计上短期关联性表现得更显著。与宏观经济变量关联较大的行业主要分布在能源、材料、消费、医药、金融、公用行业，其中，能源、材料和消费行业与宏观经济变量的长期关联相对较显著，而医药、金融和公用行业与宏观经济变量的短期暂时关联相对较显著。在长期分量方程中，上证医药的 ρ 值均处于[0.99，1]内，即当长期成分 q_t 偏离均衡时，上证医药将会在 ρ 的作用下缓慢收敛于稳态。在非对称反应方面，上证消费、上证公用、深证能源、深证材料短期暂时分量方程中的参数 γ 分别为 0.067（0.077）、0.148（0.149）、0.042、0.081，均显著大于 0，即表明负面的宏

---

① 深证消费、金融、信息、医药与公用结果没有达到收敛，在此未列入其实证结果。

观经济信息对此四类行业的冲击会大于正面信息所产生的效果，条件方差方程中存在暂时的杠杆效应。从沪深两类市场来看，上证行业与经济政策变量的互动关联较深证行业更显著。

5.4.4 稳健性检验

基于同时纳入异质性货币政策变量的 C-GARCH 模型进行的稳健性检验结果如表 5-5 所示，在行业层面，上证能源、上证医药、上证金融、深证材料、深证医药与货币政策变量存在显著的关联关系，其中，上证金融、深证材料及深证医药与货币政策变量的关联度最高（5%的显著性水平），其余次之（10%的显著性水平），表现不显著。在不同的货币政策变量与宏观经济变量层面，从关联关系的显著程度看，法定存款准备金率、工业增加值与股票价格波动的关联关系最强，社会消费品零售总额次之，CPI 与贷款基准利率最弱；从关联关系的变动方向看，CPI 与股票价格正向关联；在由参数 γ 代表的股票市场波动对经济变量的非对称反应层面，上证可选、上证公用与深证材料的非对称反应最为明显。以上结论与前述基于改进的 C-GARCH 模型中长期层面的检验结果基本一致。

表 5-5　基于 C-GARCH 模型的股票价格波动与宏观经济运行关联关系稳健性检验结果

指数	$b_{i,1}$	长期分量方程								AIC	$\lg L$
		$\overline{w}_2$	ρ_3	ϕ	λ_1	λ_2	η	ψ	μ		
沪深	0.030*** (0.001)	2.260*** (0.214)	0.960*** (0.018)	0.033 (0.022)	−1.016 (0.811)	−0.318 (0.563)	−0.765 (1.168)	0.542 (0.449)	0.138 (0.312)	3.620	−2 290.070
上证能源	0.048* (0.028)	3.850*** (0.688)	0.980*** (0.010)	0.040*** (0.014)	−0.920* (0.540)	0.608 (0.756)	−0.342 (1.430)	0.913** (0.461)	0.068 (0.301)	4.080	−2 581.920
上证材料	0.058*** (0.001)	3.370*** (0.578)	0.973 (0.012)	0.058 (0.021)	−0.566 (0.589)	0.524 (0.740)	−1.871 (1.409)	0.669 (0.504)	0.140 (0.353)	4.010	−2 536.560
上证工业	0.025 (0.026)	2.259*** (0.246)	0.960*** (0.016)	0.032** (0.014)	0.414 (0.482)	−0.484 (0.364)	−0.467 (1.012)	0.152 (0.253)	0.369** (0.158)	3.680	−2 327.570
上证可选	0.046* (0.027)	2.766*** (0.181)	0.971*** (0.003)	−0.066** (0.027)	−2.063 1.843)	−1.607 (1.637)	−3.448 (2.935)	2.421** (1.141)	0.961 (0.716)	3.800	−2 408.290
上证消费	0.086*** (0.029)	2.130*** (0.272)	0.948*** (0.024)	0.095* (0.052)	1.131 (0.810)	−1.415 (1.431)	4.242 (4.376)	−0.822 (0.867)	0.085 (0.535)	3.650	−2 313.050
上证医药	0.127*** (0.000)	2.661*** (0.267)	0.971*** (0.023)	0.016 (0.018)	−0.730 (0.823)	1.306 (0.985)	−2.472 (1.787)	0.211 (0.573)	0.404 (0.335)	3.820	−2 415.980
上证金融	−0.022*** (0.000)	3.007*** (0.448)	0.981*** (0.008)	0.024** (0.010)	−0.476 (0.337)	−0.132 (0.344)	−0.804 (0.661)	0.233 (0.234)	0.255* (0.154)	3.820	−2 420.390

续表

指数	$b_{i,1}$	长期分量方程										
		$\bar{w}_2$	ρ_3	ϕ	λ_1	λ_2	η	ψ	μ	AIC	lg L
上证信息	0.033*** (0.000)	4.104*** (0.404)	0.964*** (0.011)	-0.072 (0.088)	-10.116 (8.477)	6.093 (6.738)	-11.216 (12.464)	7.424 (6.652)	-0.631 (2.307)	4.140	-2 623.060
上证公用	0.039 (0.027)	1.726*** (0.157)	0.967*** (0.013)	0.021 (0.015)	-0.886 (0.589)	0.383 (0.392)	-0.496 (0.867)	0.888** (0.433)	0.071 (0.224)	3.410	-2 158.650
深证材料	0.007 (0.035)	1.667*** (0.508)	0.989*** (0.000)	-0.034 (0.028)	2.721* (1.433)	-0.086 (1.088)	5.054* (2.758)	-0.197 (0.600)	0.475 (0.456)	3.780	-1 298.140
深证工业	0.074** (0.035)	2.591*** (0.218)	0.817*** (0.124)	0.127 (0.267)	-2.155 (4.564)	-0.406 (3.160)	15.035 (28.429)	2.175 (4.823)	0.832 (0.983)	3.780	-1 296.370
深证医药	0.063*** (0.000)	2.173*** (0.203)	0.867*** (0.064)	0.116 (0.075)	-1.943 (1.435)	0.088 (1.363)	3.252 (3.515)	1.302 (1.158)	0.895*** (0.278)	3.560	-1 219.050

指数	$b_{i,1}$	暂时分量方程										
		α_{10}	γ	β_{12}	λ'_1	λ'_2	η'	ψ'	μ'	AIC	lg L
沪深	0.030*** (0.001)	-0.090*** (0.028)	0.100*** (0.032)	0.870*** (0.100)	2.410*** (1.184)	0.873 (0.851)	0.373 (2.331)	-0.319 (0.598)	0.285 (0.355)	3.620	-2 290.070
上证能源	0.048* (0.028)	-0.022 (0.047)	-0.021 (0.048)	0.700*** (0.160)	3.106* (1.664)	-1.500* (0.837)	0.219 (4.157)	-0.662 (0.548)	0.663** (0.331)	4.080	-2 581.920
上证材料	0.058*** (0.001)	-0.046 (0.040)	0.011 (0.042)	0.776 (0.197)	0.927 (1.133)	-0.587 (0.999)	2.000 (3.831)	-0.788 (0.662)	0.536 (0.399)	4.010	-2 536.560
上证工业	0.025 (0.026)	-0.058 (0.038)	-0.003 (0.039)	-0.365 (0.368)	-0.707 (0.900)	-0.494 (0.700)	0.577 (2.007)	0.348 (0.307)	0.153 (0.182)	3.680	-2 327.570
上证可选	0.046* (0.027)	0.030 (0.034)	0.077*** (0.021)	0.888*** (0.030)	2.594 (2.045)	1.431 (1.842)	4.484 (3.897)	-2.477** (1.220)	-0.504 (0.780)	3.800	-2 408.290
上证消费	0.086*** (0.029)	-0.068 (0.054)	0.043* (0.022)	1.031*** (0.042)	-0.733 (0.657)	1.518 (1.303)	-4.024 (4.022)	0.812 (0.855)	0.186 (0.562)	3.650	-2 313.050
上证医药	0.127*** (0.000)	-0.003 (0.042)	0.074 (0.047)	0.813*** (0.076)	2.265* (1.246)	0.162 (1.812)	2.636 (2.539)	0.155 (0.744)	0.386 (0.337)	3.820	-2 415.980
上证金融	-0.022*** (0.000)	-0.055** (0.022)	0.019 (0.043)	0.316 (0.214)	3.740** (1.650)	1.330 (1.306)	1.942 (2.346)	0.155 (0.231)	0.337** (0.165)	3.820	-2 420.390
上证信息	0.033*** (0.000)	0.099 (0.104)	0.038 (0.028)	0.834*** (0.090)	10.565 (8.540)	-6.308 (6.891)	13.633 (13.073)	-7.304 (6.799)	1.248 (2.356)	4.140	-2 623.060
上证公用	0.039 (0.027)	-0.088*** (0.019)	0.150*** (0.031)	0.886*** (0.045)	1.777* (1.066)	-0.408 (0.613)	0.098 (1.255)	-0.520 (0.505)	0.118 (0.367)	3.410	-2 158.650
深证材料	0.007 (0.035)	0.002 (0.033)	0.079** (0.035)	0.893*** (0.045)	-3.217** (1.486)	-1.769 (1.087)	-4.693 (4.103)	-0.591 (1.048)	0.328 (0.513)	3.780	-1 298.140
深证工业	0.074** (0.035)	-0.189 (0.258)	0.053 (0.046)	0.811* (0.468)	2.808 (4.888)	0.506 (4.056)	-16.707 (28.238)	-2.750 (5.363)	0.072 (0.982)	3.780	-1 296.370
深证医药	0.063*** (0.000)	-0.177** (0.079)	0.065 (0.066)	0.681*** (0.204)	4.297** (1.888)	1.232 (2.457)	-5.592 (4.020)	-2.505** (1.278)	-0.143 (0.304)	3.560	-1 219.050

*、**、***分别表示 10%、5%、1%显著性水平

注：括号中数值为标准误差值

5.5 本 章 小 结

本章通过纳入货币政策变量与三类代表宏观经济运行的变动因子构建改进的 C-GARCH 模型，以沪深 300 指数以及沪深两市 20 只股票行业指数为研究对象，在分别考虑预期、政策异质性与行业差异的条件下，计量分析了股票价格波动性与货币政策调整以及宏观经济运行的关联关系，主要结论如下。

第一，在宏观经济预见与未预见条件下，经济政策对股票市场均存在非对称影响，但在未预期条件下贷款基准利率引致的非对称影响较预期条件下更强。具体到法定存款准备金率与 1 年期贷款基准利率两类货币政策工具，以及代表物价、生产和消费的三类宏观经济指标对股票市场的冲击效果，发现在预期情况下，两类货币政策工具和三类宏观经济指标对股票价格均未产生显著影响，而在未预期情况下，法定存款准备金率调整、工业增加值和社会消费品零售总额的信息对股票市场产生了显著的长期冲击。分析其原因在于法定存款准备金率的调整对市场流动性的显著影响在股票收益率上表现为政策上调，收益率下降。由于我们对货币政策变量设定为 1，在此情况下，其结果更多地表现为政策上调的效果。社会消费品零售总额代表了公众对消费的期望，总额越大，期望越高，企业的营利能力得以提高，反映在相应的上市公司上，其股票收益率增加。暂时分量方程与长期分量方程表现不同的是，在宏观经济预期条件下，依然表现出显著的货币政策效果，但相对未预期条件下的显著性明显降低。

第二，从政策信息的不同层面来看，样本区间内代表两类货币政策工具以及物价、生产和消费的三类宏观经济运行指标中，在长期与短期层面，从关联关系的显著程度看，法定存款准备金率、工业增加值与股票价格波动的关联关系最强，社会消费品零售总额次之，CPI 与贷款基准利率最弱。从关联关系的变动方向看，在长期层面，法定存款准备金率与股票价格呈显著的负向关联，社会消费品零售总额、工业增加值均与股票价格呈显著的正向关联；在短期层面，代表货币政策变量的法定存款准备金率与股票价格转为正向关联，而代表生产和消费的宏观经济变量与股票价格转为负向关联。

第三，货币政策调整与股票价格波动关联关系的行业差异实证分析结果显示，与货币政策变量关联较大的行业主要分布在材料、消费、能源和金融行业，且在统计上短期关联性表现得更显著。与宏观经济变量关联较大的行业主要分布在能源、材料、消费、医药、金融、公用行业，其中，能源、材料和消费行业与宏观经济变量的长期关联相对较显著，而医药、金融和公用行业与宏观经济变量的短期暂时关联相对较显著。在长期分量方程中，上证医药的 ρ 值均处于[0.99，1]内，即当长期成分 q_t 偏离均衡时，上证医药将会在 ρ 的作用下缓慢收敛于稳态。在非对称反应方面，我们研究发现，负面的经济政策信息对上证消费、上证公用、深证能源、深证材料四类行业的冲击会大于正面信息所产生的效果，条件方差方程中存在暂时的杠杆效应。从沪深两类市场来看，上证行业与经济政策变量的互动关联较深证行业更显著。

综上所述，股票价格波动与货币政策及宏观经济运行之间的关联关系因预测机构及公众对政策的预期、行业差异及政策差异而表现迥异，且其短期关联较长期关联的差异表现更为明显。在我们的样本区间内，股票市场的运行不仅表现出"政策市场"的特点，同时还表现出运行的相对独立性。因而经济政策调控政策不仅要关注经济运行的不同时期，还需关注各经济变量之间的协调配合，尽量减少政府对股票市场的直接调控，逐步规避由政策调整导致的市场大幅波动，促使宏观经济与股票市场达到良性互动。

参 考 文 献

丁志国，苏治，杜晓宇. 2007. 经济周期与证券市场波动关联性——基于向量 SWARCH 模型的新证据. 数量经济技术经济研究，24（3）：61-68，80.

董坤，谢海滨，汪寿阳. 2012. 中国股票市场的石油效应之谜. 管理科学学报，15（11）：45-53.

姜付秀，刘志彪. 2005. 行业特征、资本结构与产品市场竞争. 管理世界，（10）：74-81.

焦瑾璞，孙天琦，刘向耘. 2006. 货币政策执行效果的地区差别分析. 金融研究，

（3）：1-15.

刘金全，刘兆波. 2003. 我国货币政策作用非对称性和波动性的实证检验. 管理科学学报，6（3）：35-40.

刘少波，丁菊红. 2005. 我国股市与宏观经济相关关系的"三阶段演进路径"分析. 金融研究，（7）：57-66.

吕江林. 2005. 我国的货币政策是否应对股价变动做出反应？经济研究，（3）：80-90.

彭兴韵，施华强. 2007. 货币市场对货币政策操作的反应——中国的实证研究. 金融研究，（9a）：20-30.

孙华妤，马跃. 2003. 中国货币政策与股票市场的关系. 经济研究，（7）：44-53.

王松涛，刘洪玉. 2009. 以住房市场为载体的货币政策传导机制研究——SVAR 模型的一个应用. 数量经济技术经济研究，（10）：61-73.

吴振信，徐宁. 2006. 货币政策对股指影响的 GARCH-M 效应研究. 经济问题，（8）：65-66.

谢平，袁沁敔. 2003. 我国近年利率政策的效果分析. 金融研究，（5）：1-13.

余秋玲，朱宏泉. 2014. 宏观经济信息与股价联动——基于中国市场的实证分析. 管理科学学报，（3）：15-26.

赵进文，闵捷. 2005. 央行货币政策操作效果非对称性实证研究. 经济研究，（2）：26-34，53.

赵振全，张宇. 2003. 中国股票市场波动和宏观经济波动关系的实证分析. 数量经济技术经济研究，20（6）：143-146.

周小川. 2009. 关于改变宏观和微观顺周期性的进一步探讨. 中国金融，（8）：8-11.

朱宏泉，陈林，潘宁宁. 2011. 行业、地区和市场信息，谁主导中国证券市场价格的变化？中国管理科学，19（4）：1-8.

朱武祥，陈寒梅，吴讯. 2002. 产品市场竞争与财务保守行为——以燕京啤酒为例的分析. 经济研究，（8）：28-36，93.

Adams G, McQueen G, Wood R. 2004. The effects of inflation news on high frequency stock returns. Journal of Business, 77（3）：547-574.

Andersen T G, Bollerslev T. 1998. Answering the skeptics: yes, standard volatility models do provide accurate forecasts. International Economic Review, 39（4）：885-905.

Andersen T G, Bollerslev T, Diebold F X, et al. 2003. Micro effects of macro announcements: real-time price discovery in foreign exchange. American Economic Review, 93（1）：38-62.

Andersen T G, Bollerslev T, Diebold F X, et al. 2007. Real-time price discovery in global stock, bond and foreign exchange markets. Journal of International Economics, 73（2）：251-277.

Athanasoglou P P, Daniilidis L, Delis M D. 2014. Bank procyclicality and output: issues and policies. Journal of Economics and Business, 72: 58-83.

Aylward A, Glen J. 2000. Some international evidence of stock prices as leading indicators of economic activity. Applied Financial Economics, 10 (1): 1-14.

Bernanke B S, Kuttner K N. 2003. What explains the stock market's reaction to federal reserve policy. Journal of Finance, 60 (3): 1221-1257.

Bomfim A N. 2003. Pre-announcement effects, news, and volatility: monetary policy and the stock market. Journal of Banking and Finance, 27 (1): 133-151.

Bonser-Neal C, Roley V V, Sellon G H. 2000. The effect of monetary policy actions on exchange rates under interest-rate targeting. Journal of International Money and Finance, 19 (5): 601-631.

Chang K L. 2011. The nonlinear effects of expected and unexpected components of monetary policy on the dynamics of REIT returns. Economic Modelling, 28 (3): 911-920.

Chen N F. 1991. Financial investment opportunities and the macro economy. Journal of Finance, 46 (2): 529-554.

Chen S W. 2007. Measuring business cycle turning points in Japan with the Markov switching panel model. Mathematics and Computers in Simulation, 76 (4): 263-270.

Cook T, Hahn T. 1989. The effect of changes in the federal funds rate target on market interest rates in the 1970s. Journal of Monetary Economics, 24 (3): 331-351.

Ding Z, Granger C W J. 1996. Modeling volatility persistence of speculative returns: a new approach. Journal of Econometrics, 73 (1): 185-215.

Ederington L H, Lee J H. 1993. How markets process information news releases and volatility. Journal of Finance, 48 (4): 1161-1191.

Errunza V, Hogan K. 1998. Macroeconomic determinants of European stock market volatility. European Financial Management, 4 (3): 361-377.

Fama E F. 1990. Stock returns, expected returns, and real activity. Journal of Finance, 45 (4): 1089-1108.

Fama E F, French K R. 1988. Permanent and transitory components of stock prices. Journal of Political Economy, 96 (2): 246-273.

Fatum R, Scholnick B. 2008. Monetary policy news and exchange rate responses: do only surprises matter? Journal of Banking and Finance, 32 (6): 1076-1086.

Fleming M J, Remolona E M. 1999. Price information and liquidity in the US treasury market: the response to public information. Journal of Finance, 54 (5): 1901-1915.

Hamilton J D, Lin G. 1996. Stock market volatility and the business cycle. Journal of Applied Econometrics, 11 (5): 573-593.

Hanousek J, Filer R K. 2000. The relationship between economic factors and equity markets in Central Europe. The Economics of Transition, 8（3）: 623-638.

Hoffmann A. 2013. Did the Fed and ECB react asymmetrically with respect to asset market developments. Journal of Policy Modeling, 35（2）: 197-211.

Jensen G R, Johnson R R. 1995. Discount rate changes and security returns in the U.S. 1962-1991. Journal of Banking and Finance, 19: 79-95.

Kalyvitis S, Skotida I. 2010. Some empirical evidence on the effects of U.S. monetary policy shocks on cross exchange rates. The Quarterly Review of Economics and Finance, 50（3）: 386-394.

Kanas A, Ioannidis C. 2010. Causality from real stock returns to real activity: evidence of regime-dependence. International Journal of Finance and Economics, 15（2）: 180-197.

Kearney C, Daly K. 1998. The causes of stock market volatility in Australia. Applied Financial Economics, 8（6）: 597-605.

Kearns J, Manners P. 2006. The impact of monetary policy on the exchange rate: a study using intraday data. Research Discussion Paper, Reserve Bank of Australia.

Kim O, Verrecchia R. 1994. Market liquidity and volume around earnings announcements. Journal of Accounting and Economics, 17（1~2）: 41-67.

Kuttner K N. 2001. Monetary policy surprises and interest rates: evidence from the fed funds futures market. Journal of Monetary Economics, 47（3）: 523-544.

Lee B S. 1992. Causal relationships among stock returns, interest rates, real activity and inflation. Journal of Finance, 47（4）: 1591-1603.

Li L, Engle R F. 1998. Macroeconomic announcements and volatility of treasury futures. University of California, Discussion Paper.

Liu X H, Sinclair P. 2008. Does the linkage between stock market performance and economic growth vary across greater China? Applied Economics Letters, 15（7）: 505-508.

Lobo B J. 2002. Interest rate surprises and stock prices. The Financial Review, 37（1）: 73-91.

Officer R R. 1972. The variability of market factor of the New York Stock Exchange. Journal of Business, 46（3）: 434-453.

Pierdzioch C, Dopke J, Hartmann D. 2008. Forecasting stock market volatility with macro-economic variables in real time. Journal of Economics and Business, 60（3）: 256-276.

Ritter J R. 2003. Economic growth and equity return. Pacific-Basin Finance Journal, 13（5）: 489-503.

Schwert G W. 1987. Effects of model specification on tests for unit roots in macroeconomic data. Journal of Monetary Economics, 20（1）: 73-103.

Smales L A. 2012. RBA monetary policy communication: the response of Australian interest rate futures to changes in RBA monetary policy. Pacific Basin Finance Journal, 20（5）: 793-808.

Vu N T. 2015. Stock market volatility and international business cycle dynamics: evidence from OECD economies. Journal of International Money and Finance, 50: 1-15.

第 6 章　金融信贷视角下货币政策、资产价格与宏观经济的风险联动研究

6.1　引　　言

历数 20 世纪 90 年代以来频繁爆发的国际金融危机，无不是以资产价格泡沫过度膨胀伴随着大规模的信贷扩张、经济长期繁荣促成了公众的乐观预期为特点。金融信贷作为衔接资产价格波动与宏观经济、金融稳定的重要枢纽，在国际金融危机频发背景下，其与资产价格波动及宏观经济运行之间的关系是否已经成为引发资产价格泡沫、金融不稳定乃至经济不稳定的主要诱因引起了国际研究领域的极度关注。一方面金融机构通过信贷扩张（或收缩）提高（或降低）实体经济部门的杠杆比率，另一方面大量的信贷创造将会形成金融机构自身资产质量的潜在压力累积。如果在资产价格的形成过程中能够较好地控制与约束金融信贷调整的创造，那么资产价格泡沫就难以形成，或泡沫形成但未破裂，抑或在泡沫破裂后对经济的冲击也相对弱化，金融风险的累积也会同时得到有效的控制。因此，从金融信贷视角研究我国资产价格波动与宏观经济运行风险联动机制，对防范金融系统性风险与支撑货币政策发展具有重要实践价值与理论意义。

现有相关研究无论是在理论方法研究还是在实证研究上都已取得了值得借鉴的成果。在理论方法研究上，已经形成并构建了该研究领域传统的、经典的研究模型和方法。例如，套利定价理论（Ross，1976）、资产负债表渠

道理论（Bernanke et al.，1998）、金融加速器理论（Bernanke et al.，1998）等。在相关实证研究内容上，现有研究内容主要涉及信贷规模的扩张、紧缩与资产价格波动的关联以及由此关联如何引发金融系统性风险等方面。但已有的众多文献中尚未从金融信贷视角对资产价格与宏观经济内在风险关联进行较好的系统性研究，现有研究往往只关注资产价格与宏观经济或资产价格与信贷风险的片段式考察，或因样本数据的差异，如同环比数据的混合使用等，导致其研究的结论和观点差异也很大。

本章基于金融信贷调整、资产价格波动与宏观经济运行的互动反馈机理，通过构建 SVAR，分别从国内货币信贷、国内宏观环境与境外金融环境三个层面考察不同资产价格在次贷危机后与宏观经济之间的风险联动关系，进而揭示市场信息的波动传递机制特别是金融风险的传导机制。相比以往研究，本章不仅考虑了同环比样本数据的差异，还考虑了异质性资产价格与宏观经济变量之间的潜在内生性的对风险联动关系的影响。期望本章研究能够在服务当前货币政策与宏观经济政策发展以及金融风险监管的同时，增进管理者与投资者对金融市场微观结构与信息效率的认识。

6.2　金融信贷视角下货币政策、资产价格与宏观经济的风险联动研究现状

次贷危机与欧债危机的接踵而至，使资产价格波动与宏观经济运行的风险关联问题再次成为国内外金融经济学领域研究的焦点问题。

6.2.1　信贷扩张与资产价格及其对宏观经济的财富与消费效应研究

金融信贷、资产价格与宏观经济之间重要的内生关联与反馈作用促使近年来对它们之间的信息传导与相依互动的研究取得了长足的发展。Officer（1973）、Fama 和 French（1988）、Hamilton 和 Lin（1996）、Hanousek 和 Filer（2000）、Errunza 和 Hogan（1998）、Carroll 等（2006）、Tang（2006）、

Pierdzioch 等（2008）、Bostic 等（2009）、Kanas 和 Ioannidis（2010）、Chen 等（2012）、Vu（2015）对美国、欧盟国家、日本、澳大利亚、加拿大等经济体房地产价格、股票价格与宏观经济变量及宏观经济周期进行大量的实证检验，发现产出和资产价格的变动将导致利率与信贷的变动，房地产价格的财富效应大于金融资产财富效应，且房地产价值对消费的影响较证券价值更大。不过这一结论需要更多的研究来支撑。例如，Juster 等（2006）的研究结论恰与以上相反，他们的研究表明，对消费变量而言，股票价格产生的影响远大于房地产价格的影响。李秀婷等（2014）、蒋雪梅等（2013）基于投入产出模型和一般均衡模型对我国的房地产宏观经济效应的分析表明，房地产对经济发展的贡献度正在逐年增加，相对消费与就业，房地产价格对物价水平的影响较大，应警惕房地产价格对宏观经济的波及。在较早的研究中，Allen 和 Gale（2000）提出了基于信贷扩张的资产价格泡沫模型，认为银行信贷的不确定性是资产价格泡沫形成的重要原因。Chen（2001）研究发现，银行信贷对股票价格的波动具有显著的预测作用。Boz 和 Mendoza（2014）、Golbeck 和 Linetsky（2013）、Gerdrup（2003）、Borio 和 Lowe（2002）、Mishkin（1999）对金融资产价格与信贷风险关系的研究表明，信用扩张、资产价格膨胀相互促进，并且导致实际经济领域的过度投资，可能真正引发银行和金融危机。

6.2.2　金融信贷调整规模与宏观经济因素及资产价格波动关系的研究

有关国内金融信贷调整规模与宏观经济波动关系的研究主要包括信贷规模对宏观经济的影响以及宏观经济波动对信贷风险的影响。潘敏和缪海斌（2010）分析了我国信贷规模、结构等的变化对宏观经济运行的影响，结果表明，金融信贷调整作为影响国内物价变动的主要因素，其规模的投放对宏观经济的稳定与发展具有积极的推动作用。谭庆华和李黎（2009）、江曙霞和何建勇（2011）等通过分析宏观经济波动对银行信贷风险的影响发现：当宏观经济下滑、通货紧缩、货币政策趋紧时，银行收缩信贷供给，居民收入减少，还款意愿降低或无力还贷，企业融资困难，财务状况趋于恶化，不良贷款率显著上升，信贷风险显著增加。已有研究表明资产价格上涨会导致信用规模扩张，而资产价格下跌会导致银行信贷紧缩；反过来，信贷扩张会推动资产价格上涨，信贷紧缩则会引致资产价格下跌。桂荷发（2004）、段忠东（2007）、黄静（2010）、解陆一（2012）等借助 DCC-MGARCH 动态相关性分析、脉冲响应分析、格兰杰因果检验及动态门限模型等方法实证分析了金融信贷调整扩张、资产价格波动与金融危机之间的关联关系，结果发现，金融信贷调整与房地产价格之间存在长期双向因果关系，但与股票价格之间存在由股票价格到银行信贷的单向因果关系。现有研究结论并不完全一致，也存在一定分歧：解陆一（2012）发现反馈关系更多地表现为银行信贷对房地产价格的因果关系，而黄静（2010）认为还尚未形成从信贷增长到房价上涨和房地产投资增长的反馈机制。此外，严金海（2007）、王晓明（2010）借助改进的信贷扩张的资产价格泡沫模型（Allen and Gale，2000）等方法分析了股票市场与房地产市场资产价格泡沫与信贷扩张的关系，发现银行信贷对房地产价格上涨具有正向推动作用，银行信贷资金过度介入股票市场和房地产市场是资产价格大幅上涨和下跌的主要动因，而均衡的银行贷款增长率则能够有效平抑资产价格波动。马亚明和邵士妍（2012）对我国的信贷规模和资产价格波动的内在关联的理论与经验分析表明，在短期动态分析中，股票价格的上涨会导致银行信贷的扩张，而银行信贷的扩张又有助于股票价格的提升，且波动幅度更大。李连发和辛晓岱（2012）考察由贷款损失推断偏差等因素导致的银行信贷扩张及其宏观效应，结果表明，信贷总量的逆周期调控有助于减少宏观经济的波动和福利损失，且与存款准备金率存在协整关系。

此外，有关银行信贷变化、资产价格波动与宏观经济运行关联性方面的综合研究也有一定的进展，如周京奎（2005）、聂玉梅（2012）等借助联立方程模型、面板分析技术和 VAR 模型进行实证分析，结果表明，资产价格的上涨会带来通货膨胀率的显著上升，宏观经济环境是影响房地产市场的最关键因素。资产价格上涨对银行信贷的扩张有显著影响，而银行信贷的变动也加大了资产价格波动，增加了产业风险；经济增长对银行信贷扩张有促进作用，而信贷总量于经济增长亦具有持续推动作用。田祥宇和闫丽瑞（2012）从内生影响角度分析信贷投放、货币供应、资产价格等对我国宏观经济运行的影响，结果表明，信贷渠道、货币渠道、资产价格渠道对经济增长和物价水平都会产生影响，但资产价格对我国宏观经济的影响日趋重要。

总结起来，我们认为国内现有研究存在以下几点值得深入探索：首先，在分析资产价格波动与宏观经济波动的风险关联时，现有研究往往只关注资产价格与宏观经济或资产价格与信贷风险的片段式考察，或因样本数据的差异，如同环比数据的混合使用等，导致其研究的结论和观点差异也很大；其次，现有研究对资产价格波动的模式与特点分析中较少考虑资产价格类型的差异及与宏观经济变量之间的交互作用。

6.3　研究设计和样本选择

6.3.1　研究方法

我们的基础 VAR 模型为

$$
\begin{aligned}
Z_t &= B_1 Z_{t-1} + B_2 Z_{t-2} + \cdots + B_n Z_{t-n} + \varepsilon_t \\
&= \left[I - B(L) \right]^{-1} \varepsilon_t
\end{aligned}
\tag{6-1}
$$

其中，$Z_t = [i_t, y_t, p_t, \Delta f_t, \Delta s_t, r_t, c_t, h_t]'$；$\varepsilon_t$ 为残差项，并服从独立同分布，$\varepsilon_t \sim iiid(0, W)$；$B_1, B_2, \cdots, B_n$ 分别为 VAR 模型中各变量滞后 $1, 2, \cdots, n$ 期的系数矩阵；I 为 8×8 维常数单位矩阵；L 为滞后算子。进一步将标准 VAR 模型写为向量移动平均形式（vector moving average，VMA）。

$$
Z_t = D(L) \varepsilon_t
\tag{6-2}
$$

其中，$D(L)$ 为 8×8 维矩阵，且 $D(L) = \sum_{j=0}^{\infty} D_j L^j$，$L$ 为滞后算子。假设结构性扰动项 v_t 与残差项 ε_t 之间存在如下线性关系：

$$
\varepsilon_t = \Gamma v_t
\tag{6-3}
$$

其中，Γ 为 8×8 维常系数矩阵。将式（6-3）代入式（6-2）得

$$
Z_t = C(L) v_t
\tag{6-4}
$$

其中，$C(L) = D(L) \Gamma$。为了有效识别 Γ，如下假定：①v_t 服从标准正态分布；②v_t 中各向量之间的协方差为零；③利率与货币供应量在长期对资产价格没有冲击影响。令

$$
v_t = \left[v_t^i, v_t^y, v_t^p, v_t^f, v_t^s, v_t^r, v_t^c, v_t^h \right]
\tag{6-5}
$$

其中，v_t^i、v_t^y、v_t^p 代表宏观经济的生产、消费、物价冲击；v_t^r 代表货币信

贷的利率冲击；v_t^c 代表信贷冲击；v_t^h 代表境外金融的"热钱"冲击；v_t^s、v_t^f 代表股票价格与房地产价格冲击。

本章 SVAR 模型中的短期约束条件分别如下设立：①在宏观经济变量与货币信贷变量之间存在递推的结构（Bjornland and Leitemo，2009），即宏观经济变量对货币信贷表现为当期的影响，但反过来货币信贷对宏观经济的影响滞后一期。在此假设下，我们可以得到：$\Gamma_{16}=\Gamma_{26}=\Gamma_{36}=\Gamma_{17}=\Gamma_{27}=\Gamma_{37}=0$。②根据菲利普斯曲线，宏观经济变量之间的递推结构表现为，代表生产的工业增加值变量对代表消费与物价的社会消费品零售总额与 CPI 指数表现为即期影响，反之，消费与物价对代表生产的工业增加值变量的影响则滞后一期；代表消费的社会消费品零售总额变量对代表物价的 CPI 指数表现为即时影响，反之，物价对消费的影响滞后一期。因此，我们得到三个短期约束条件：$\Gamma_{12}=\Gamma_{23}=\Gamma_{13}=0$。③宏观经济变量与资产价格之间的关系为：代表生产、消费和物价的三个宏观经济变量在当期会对资产价格产生即时的影响，而资产价格对宏观经济变量的影响会滞后到下一期，由此得到的短期约束为：$\Gamma_{14}=\Gamma_{24}=\Gamma_{34}=\Gamma_{15}=\Gamma_{25}=\Gamma_{35}=0$。④信贷变量与货币政策之间的关系为：格兰杰因果判断利率的变化依存于信贷规模的变化（吴培新，2008），因而在此我们假设货币政策变量对信贷变量的冲击具有即时反应，而信贷变量对货币政策变量冲击的反应滞后一期，由此得到 $\Gamma_{67}=0$。⑤资产价格之间的关系为：房地产价格对股票价格有当期的影响，而股票价格对房地产价格的影响滞后一期。⑥"热钱"与各变量的关系为：假设所有变量对"热钱"具有即期的影响，而"热钱"对各变量的影响滞后一期。由此得到：$\Gamma_{18}=\Gamma_{28}=\Gamma_{38}=\Gamma_{48}=\Gamma_{58}=\Gamma_{68}=\Gamma_{78}=0$。至此，我们共得到 24 个短期识别条件，我们的 SVAR 模型的矩阵形式可写为

$$
\begin{bmatrix}
i_t \\
y_t \\
p_t \\
\Delta f_t \\
\Delta s_t \\
r_t \\
c_t \\
h_t
\end{bmatrix}
= D(L)
\begin{bmatrix}
\Gamma_{11} & 0 & 0 & 0 & 0 & 0 & 0 & 0 \\
\Gamma_{21} & \Gamma_{22} & 0 & 0 & 0 & 0 & 0 & 0 \\
\Gamma_{31} & \Gamma_{32} & \Gamma_{33} & 0 & 0 & 0 & 0 & 0 \\
\Gamma_{41} & \Gamma_{42} & \Gamma_{43} & \Gamma_{44} & 0 & \Gamma_{46} & \Gamma_{47} & 0 \\
\Gamma_{51} & \Gamma_{52} & \Gamma_{53} & \Gamma_{54} & \Gamma_{55} & \Gamma_{56} & \Gamma_{57} & 0 \\
\Gamma_{61} & \Gamma_{62} & \Gamma_{63} & \Gamma_{64} & \Gamma_{65} & \Gamma_{66} & 0 & 0 \\
\Gamma_{71} & \Gamma_{72} & \Gamma_{73} & \Gamma_{74} & \Gamma_{75} & \Gamma_{76} & \Gamma_{77} & 0 \\
\Gamma_{81} & \Gamma_{82} & \Gamma_{83} & \Gamma_{84} & \Gamma_{85} & \Gamma_{86} & \Gamma_{87} & \Gamma_{88}
\end{bmatrix}
\begin{bmatrix}
v_t^i \\
v_t^y \\
v_t^p \\
v_t^f \\
v_t^s \\
v_t^r \\
v_t^c \\
v_t^h
\end{bmatrix}
\tag{6-6}
$$

对于八变量的 SVAR 模型共需识别 8×（8−1）/2=28 个参数方可完全识别。已有文献假设在标准的 VAR 模型下，假定真实的利率与信贷规模对资产价格的反应具有延迟性，即 $\Gamma_{46} = \Gamma_{56} = \Gamma_{47} = \Gamma_{57} = 0$，但是传统的这种假设并未考虑信贷规模、利率与资产价格的潜在的内生性，即在信贷规模与利率变量影响资产价格波动的同时，资产价格也会影响相关货币政策变量的操作调整，变量之间内生性的存在易导致估计结果的有偏性。因此，在 SVAR 模型下，我们假设信贷规模、利率变量二者与两类资产价格之间存在即时双向的影响，但依据货币长期中性理论，我们同时设定信贷规模、利率变量对真实的资产价格不具有长期影响。在此假设如下：

$$C_{46}(1) = 0 ， \quad C_{56}(1) = 0 ， \quad 即 \sum_{j=0}^{\infty} C_{46,j} = 0 ， \quad \sum_{j=0}^{\infty} C_{56,j} = 0 \tag{6-7}$$

$$C_{47}(1) = 0 ， \quad C_{57}(1) = 0 ， \quad 即 \sum_{j=0}^{\infty} C_{47,j} = 0 ， \quad \sum_{j=0}^{\infty} C_{57,j} = 0 \tag{6-8}$$

由 $D(L)\Gamma = C(L)$，其中 $D(L) = \left[I - B(L)\right]^{-1}$

$$\begin{aligned} &D_{41}(I)\Gamma_{16} + D_{42}(I)\Gamma_{26} + D_{43}(I)\Gamma_{36} + D_{44}(I)\Gamma_{46} \\ &+ D_{45}(I)\Gamma_{56} + D_{46}(I)\Gamma_{66} + D_{47}(I)\Gamma_{76} + D_{48}(I)\Gamma_{86} = 0 \end{aligned} \tag{6-9}$$

$$\begin{aligned} &D_{51}(I)\Gamma_{16} + D_{52}(I)\Gamma_{26} + D_{53}(I)\Gamma_{36} + D_{54}(I)\Gamma_{46} \\ &+ D_{55}(I)\Gamma_{56} + D_{56}(I)\Gamma_{66} + D_{57}(I)\Gamma_{76} + D_{58}(I)\Gamma_{86} = 0 \end{aligned} \tag{6-10}$$

$$\begin{aligned} &D_{41}(I)\Gamma_{17} + D_{42}(I)\Gamma_{27} + D_{43}(I)\Gamma_{37} + D_{44}(I)\Gamma_{47} \\ &+ D_{45}(I)\Gamma_{57} + D_{46}(I)\Gamma_{67} + D_{47}(I)\Gamma_{77} + D_{48}(I)\Gamma_{87} = 0 \end{aligned} \tag{6-11}$$

$$\begin{aligned} &D_{51}(I)\Gamma_{17} + D_{52}(I)\Gamma_{27} + D_{53}(I)\Gamma_{37} + D_{54}(I)\Gamma_{47} \\ &+ D_{55}(I)\Gamma_{57} + D_{56}(I)\Gamma_{67} + D_{57}(I)\Gamma_{77} + D_{58}(I)\Gamma_{87} = 0 \end{aligned} \tag{6-12}$$

$D(L)$ 可通过对标准的 VAR 模型——式（6-1）进行 VAR 得到，即可以计算出矩阵全部元素的值。

又前述短期约束中假定 $\Gamma_{16} = \Gamma_{26} = \Gamma_{36} = 0$，$\Gamma_{17} = \Gamma_{27} = \Gamma_{37} = \Gamma_{67} = 0$，故八变量 SVAR 模型的第 25、26、27 和 28 个识别条件为

$$D_{44}(I)\Gamma_{46} + D_{45}(I)\Gamma_{56} + D_{46}(I)\Gamma_{66} + D_{47}(I)\Gamma_{76} + D_{48}(I)\Gamma_{86} = 0 \tag{6-13}$$

$$D_{54}(I)\Gamma_{46} + D_{55}(I)\Gamma_{56} + D_{56}(I)\Gamma_{66} + D_{57}(I)\Gamma_{76} + D_{58}(I)\Gamma_{86} = 0 \tag{6-14}$$

$$D_{44}(I)\Gamma_{47} + D_{45}(I)\Gamma_{57} + D_{47}(I)\Gamma_{77} + D_{48}(I)\Gamma_{87} = 0 \tag{6-15}$$

$$D_{54}(I)\Gamma_{47} + D_{55}(I)\Gamma_{57} + D_{57}(I)\Gamma_{77} + D_{58}(I)\Gamma_{87} = 0 \tag{6-16}$$

6.3.2　变量的筛选与数据的处理

本章涉及的变量有代表宏观经济运行的工业增加值 (i_t)、社会消费品零售总额 (y_t)、消费者物价指数 (p_t)，代表货币信贷状况的信贷规模 (c_t)、利率 (r_t)，代表对外经济运行状况的"热钱" (h_t)，代表资产价格的股价指数 (s_t)、房地产价格指数 (f_t)。其中，为获得较为准确的检验结果，我们专门使用了环比宏观经济数据。信贷规模 (c_t) 选用本外币信贷收支余额；利率选用银行间 7 天同业拆借利率；"热钱"规模借助国家统计局国际统计信息中心的方法测度：热钱=新增外汇储备-FDI-贸易顺差；股价指数 (s_t) 选用上证综合指数月度数据；房地产价格指数选用"商品房销售总额增量/商品房销售总规模增量"计算而得。为获得更为科学的研究结论，本章采取环比数据，我们的样本区间为 2011 年 1 月至 2015 年 2 月，共 45 个样本点，数据来源于中国经济统计数据库、国家外汇管理局、Wind 数据库和 BIS。

我们对各变量样本数据的处理如下：①由于宏观经济变量、股票价格、信贷余额、"热钱"均具有较强的季节性，故我们对所选各变量序列均进行 X12 季节性调整；②信贷规模、上证综指均做对数收益差分后减去同期 CPI 环比增量；③银行间 7 天同业拆借利率减去同期 CPI 环比增量；④"热钱"直接差分；⑤为消除各变量条件分布的异方差特性，在 SVAR 模型中除利率和 CPI 外，我们对其余各变量均取自然对数。

6.4　计　量　分　析

6.4.1　SVAR 模型滞后阶数的确定和稳定性检验

SVAR 的滞后阶数是由相应的 VAR 模型的滞后阶数决定的，通过对连续改进的 LR 检验统计量（sequential modified LR test statistic）、最终预测误差（final prediction error, FPE）、赤池信息准则（Akaike information criterion, AIC）、施瓦茨信息准则（Schwarz information criterion, SC）、HQ 信息准

则（Hannan-Quinn information criterion）五类准则指标的综合考虑，我们对股票、房价及房价和股价交互作用模型选择的最优滞后期均为 1 期，即分别构建 7 变量、7 变量和 8 变量的 SVAR（1）模型（表 6-1）。

表 6-1 滞后阶数的选择

滞后期（lag）	lg L	LR	FPE	AIC	SC	HQ
股票						
0	− 538.770 9	—	52.921 56	26.671 75	27.006 11*	26.793 50*
1	− 462.825 0	118.549 70*	31.315 38*	26.089 02*	29.098 22	27.184 81
2	− 421.568 3	48.300 47	137.058 30	27.198 46	32.882 50	29.268 27
3	− 353.556 9	53.082 11	357.876 90	27.002 77	35.361 66	30.046 62
房价						
0	− 534.626 9	NA	23.021 62	25.839 38	26.170 36*	25.960 70*
1	− 461.418 9	115.041 30*	15.671 67*	25.400 90*	28.379 76	26.492 77
2	− 419.831 6	49.508 68	63.959 87	26.468 17	32.094 91	28.530 59
房价+股价						
0	− 548.812 1	—	45.237 11	26.514 86	26.845 85*	26.636 18*
1	− 476.098 7	114.263 90*	31.528 57*	26.099 94*	29.078 80	27.191 81
2	− 429.878 9	55.023 51	103.203 40	26.946 62	32.573 36	29.009 04

*表示由各类准则所确立的滞后期

稳定性检验不仅是检验理论合理性的标准，还是进行脉冲响应分析的前提。分别观察图 6-1~图 6-3，由股票、房价及房价和股价交互模型的三个 VAR 模型的 AR 根可知，三个模型的全部 AR 根的模均位于单位圆内，此结果表明我们设立的三个标准 VAR（1）系统具有良好的稳定性，确保了下一步计量检验与分析的有效进行。

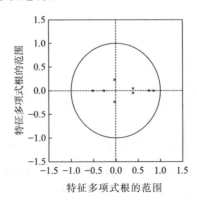

图 6-1 股票 VAR 模型 AR 根图

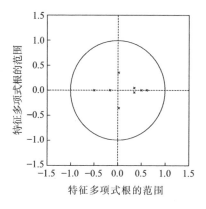

图 6-2　房价 VAR 模型 AR 根图

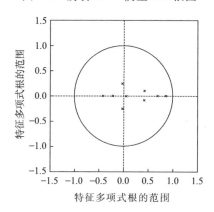

图 6-3　房价和股价 VAR 模型 AR 根图

6.4.2　资产价格波动与宏观经济风险联动实证

1. 资产价格波动对宏观经济环境的风险冲击

1）资产价格波动对国内货币信贷状况的风险冲击

图 6-4 分别展示了股票价格、房地产价格波动对货币信贷风险冲击的脉冲响应函数图。其中，横轴代表时间，单位为月，纵轴代表累积效应，即两类资产价格的脉冲对利率与信贷指标的作用；实线代表脉冲响应函数，虚线则代表正负两倍标准差偏离带。

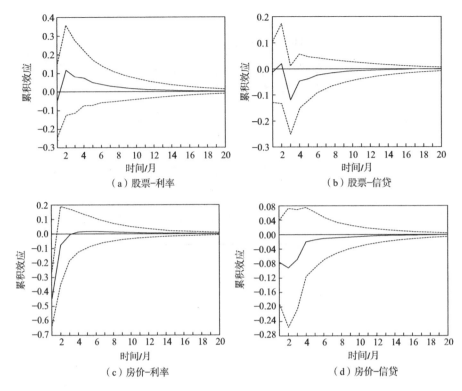

图 6-4　资产价格波动对货币信贷的风险冲击

对于股票价格波动而言，利率在当期受到一个单位股票价格的正向冲击后，利率急剧上升至第 2 期达到最高点，之后逐渐下降直至第 11 期趋于正向平稳；信贷变量在当期受到一个单位股票价格的正向冲击后，表现为先缓慢上升至第 2 期，之后急剧下降至第 3 期达到最低点，随后缓慢上升直至第 15 期趋于负向平稳。观察房地产价格对货币信贷的风险冲击发现，利率在当期受到一个单位房地产价格的正向冲击后，利率表现为急剧上升至第 4 期达到最高点，之后缓慢下降至第 10 期趋于正向平稳。信贷变量在当期受到一个单位房地产价格的正向冲击后，表现为缓慢下降至第 2 期达到最低点，之后逐渐上升至第 12 期趋于负向平稳。以上结果表明，相对而言，股票价格对货币信贷变量的冲击速度较房地产价格的变动慢，但持续时间相对较长。

2）资产价格波动对宏观经济指标的风险冲击

图 6-5 分别展示了股票价格和房地产价格波动对宏观经济指标风险冲击的脉冲响应函数图。其中，横轴代表时间，单位为月；纵轴代表累积效应，

即两类资产价格的脉冲对不同宏观经济指标的作用；实线代表脉冲响应函数，虚线则代表正负两倍标准差偏离带。

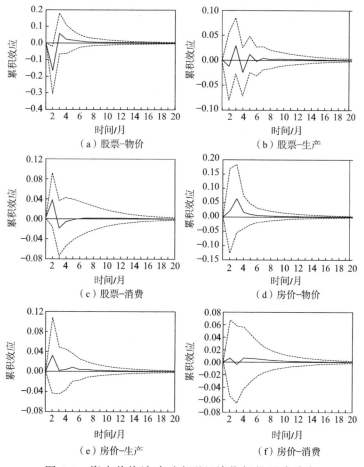

图 6-5　资产价格波动对宏观经济指标的风险冲击

对于股票价格波动而言，代表物价的 CPI 指数在当期受到一个单位股票价格的正向冲击后，CPI 指数急剧下降至第 2 期达到最低点，之后急速上升至第 3 期达到最高点，并逐渐下降直至第 8 期趋于负向平稳；代表生产的工业增加值在当期受到一个单位股票价格的正向冲击后，表现为先下降后上升，并分别在第 3 期和第 4 期达到最高点和最低点，之后衰减至第 10 期逐渐正向平稳；代表消费的社会消费品零售总额在当期受到一个单位股票价格的正向冲击后，表现为急速上升至第 2 期达到最高点，之后下降至第 3 期达到最低点，随后衰减至第 6 期趋于平稳。对于房地产价格波动而言，代表物价的 CPI 指数在当期受到一个单位房地产价格的正向冲击后，CPI 指数表现为先升后降，并于第 10 期趋于平稳；代表生产的工业增加值在当期受到一个单位房地产价格的正向冲击后，亦表现为先升后降，并在第 9 期趋于平稳；代表消费的社会消费品零售总额在当期受到一个单位房地产价格的正向冲击后，表现为小幅的先升后降再升，之后衰减至第 11 期趋于平稳。此结果表明，股票价格变动对宏观经济变量的风险冲击较房地产价格而言更大。

3）资产价格波动对境外金融的风险冲击

图 6-6 分别展示了股票价格和房地产价格波动对境外金融的风险冲击的脉冲响应函数图。其中，横轴代表时间，单位为月；纵轴代表累积效应，即两类资产价格的脉冲对"热钱"指标的作用；实线代表脉冲响应函数，虚线则代表正负两倍标准差偏离带。

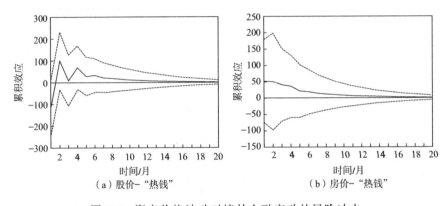

（a）股价–"热钱"　　　　（b）房价–"热钱"

图 6-6　资产价格波动对境外金融变动的风险冲击

"热钱"在当期受到一个单位股票价格的正向冲击后，表现为从第 1 期最低点急剧上升至第 2 期达到最高点，之后衰减至第 14 期趋于平稳；"热钱"在当期受到一个单位房地产价格的正向冲击后，"热钱"表现为从第 1 期正向最高点缓慢下降至第 14 期趋于平稳。以上结果表明，股票价格与房地产价格对"热钱"的正向冲击均导致了"热钱"流入，但相对而言，来自房地产价格的冲击较股票价格而言较为稳定。

2. 宏观经济环境对资产价格的风险冲击

1）货币信贷变动对资产价格的风险冲击

图 6-7 分别展示了货币信贷变动对股票价格和房地产价格波动的风险冲

击的脉冲响应函数图。其中，横轴代表时间，单位为月；纵轴代表累积效应，即货币信贷变动对两类资产价格的脉冲影响；实线代表脉冲响应函数，虚线则代表正负两倍标准差偏离带。

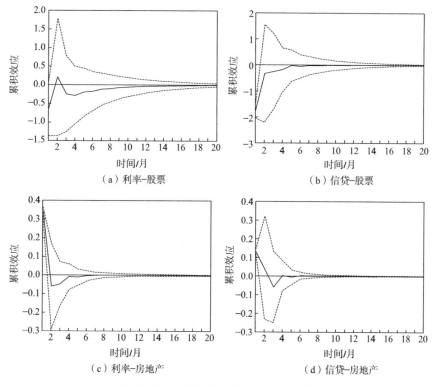

图 6-7　货币信贷变动对资产价格的风险冲击

对于利率而言，股票价格在当期受到其中一个单位的正向冲击后，股票价格表现为负向最低点反应，随后急速上涨至第 2 期达到最高点，之后逐渐下降至第 12 期趋于平稳；房地产价格在当期受到一个单位利率的正向冲击后，表现为急速下降至第 2 期达到最低点，之后逐渐上升直至第 7 期趋于平稳，受冲击的反应持续时间较短。观察信贷变量对两类资产价格的风险冲击发现，信贷变量对股票价格与房地产价格的风险冲击较利率而言持续时间短，冲击力度小。此结果与已有研究赵胜民等（2011）的结论一致。

2）宏观经济指标变动对资产价格的风险冲击

图 6-8 分别展示了宏观经济指标对股票价格和房地产价格的脉冲响应函数图。其中，横轴代表时间，单位为月；纵轴代表累积效应，即宏观经济变

量对两类资产价格的冲击作用；实线代表脉冲响应函数，虚线则代表正负两倍标准差偏离带。

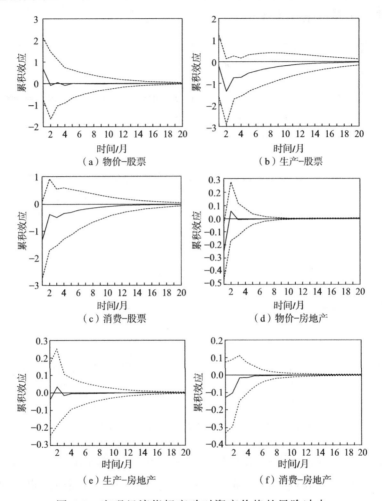

图 6-8　宏观经济指标变动对资产价格的风险冲击

对于代表物价的 CPI 指数而言，股票价格受到冲击持续时间较短，在当期受到其中一个单位的正向冲击后，股票价格下降至第 2 期达到最低点，之后便趋于平稳；房地产价格受到冲击持续时间较股票价格稍长，在当期受到一个单位价格变量的正向冲击后，表现为负向上升至第 2 期，随后下降至第 3 期趋于平稳。对于代表生产的工业增加值变动而言，股票价格在当期受到一个单位的正向冲击后表现为负向的反应，随后缓慢上升至第 17 期趋于平稳；而房地产价格受到冲击的持续时间较短，在第 2 期达到最高点，随后下降至第 3 期趋于平稳，受冲击的反应持续时间较长。观察代表消费的社会消费品零售总额对两类资产价格的风险冲击发现，两类资产价格在当期均表现为负向反应，但股票价格受到冲击的时间更长。

3）境外金融变动对资产价格的风险冲击

图 6-9 分别展示了境外金融环境变动对股票价格和房地产价格波动的风险冲击的脉冲响应函数图。其中，横轴代表时间，单位为月；纵轴代表累积效应，即境外金融环境变动对两类资产价格的脉冲作用；实线代表脉冲响应函数，虚线则代表正负两倍标准差偏离带。

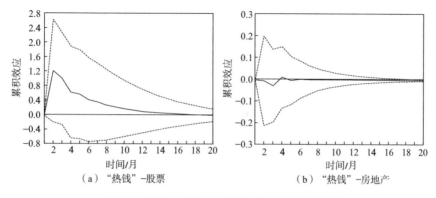

（a）"热钱"–股票　　　　　（b）"热钱"–房地产

图 6-9　境外金融变动对资产价格的风险冲击

观察代表境外金融变动的变量——"热钱"对两类资产价格的风险冲击发现，股价受到的冲击较大，在当期受到一个单位的正向冲击后表现为正向的反应，且股票价格受到冲击持续的时间较长。而房地产价格受到的冲击较小，且持续时间短，在第 4 期达到最高点。此结果表明，"热钱"在短期内有推高房地产价格的作用。此结论与刘莉亚（2008）、Guo 和 Huang（2010）等的研究发现一致。

3. 资产价格之间的风险冲击

图 6-10 分别展示了股票价格与房地产价格波动之间的风险冲击的脉冲响应函数图。其中，横轴代表时间，单位为月；纵轴代表累积效应，即两类资产价格的脉冲作用；实线代表脉冲响应函数，虚线则代表正负两倍标准差偏离带。

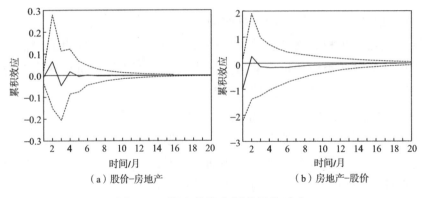

图 6-10　资产价格之间的风险冲击

如前假设，股票价格在当期对房地产价格没有影响，受到股票价格的正向冲击后，房地产价格在第 2 期达到最高点，随后衰减至第 5 期趋于平稳。股票价格在当期受到房地产价格的正向冲击后表现为负向最低，至第 2 期达到最高点，随后下降至 13 期趋于平稳。比较股票价格与房地产价格之间的冲击可以发现，两类资产价格表现出明显的联动效应，但房地产价格对股票价格的冲击持续时间较长。

6.4.3　资产价格与宏观经济风险联动的方差贡献比较

1. 资产价格对宏观经济环境的方差贡献

表 6-2 包括了股票价格和房地产价格两类资产价格对代表宏观经济环境各变量风险传递的方差分解结果。由方差分解表可以看到，股票价格和房地产价格最大可以解释宏观指标变量一个方差变动的 11.272%、1.308%、2.827%，2.241%、2.920%、5.185%，即股票部分中，物价所对第 6 期，生产所对第 24 期，消费所对第 6 期；房地产部分中，物价所对第 24 期，生产所对第 24 期，消费所对第 24 期，最大解释利率变量一个方差变动的 23.607%、0.988%（股票中利率第 1 期，房价中利率第 24 期），最大解释信贷变量一个方差变动的 7.297%、1.817%（股票中信贷第 12 期，房价中信贷第 24 期），解释境外变量一个方差变动的 4.237%、5.719%（股票中"热钱"第 24 期，房价中"热钱"第 24 期）；从总期来看，股票价格对宏观经济指标变量与货币信贷变量的影响大于房地产价格的影响，而房地产

价格对"热钱"的贡献度大于股票价格的贡献度。

表 6-2　资产价格对宏观经济变量的方差贡献

项目	宏观指标			货币信贷		境外金融
	物价	生产	消费	利率	信贷	"热钱"
	股票					
1	0	0	0	23.606 590%	1.423 168%	2.228 614%
3	11.018 26%	0.275 679%	2.365 868%	19.144 570%	6.283 949%	3.187 702%
6	11.272 19%	1.305 723%	2.826 508%	18.542 730%	7.293 581%	4.184 641%
12	11.247 09%	1.306 948%	2.801 972%	18.301 490%	7.296 904%	4.234 563%
24	11.244 19%	1.308 479%	2.802 482%	18.277 560%	7.292 982%	4.236 756%
	房价					
1	$1.81×10^{-30}$%	$3.19×10^{-30}$%	$1.06×10^{-30}$%	0.148 427%	0.173 122%	0.156 896%
3	2.193 954%	2.230 875%	3.718 516%	0.697 995%	1.694 607%	4.633 986%
6	2.203 612%	2.780 890%	5.026 483%	0.827 663%	1.665 914%	5.516 668%
12	2.236 763%	2.914 636%	5.180 119%	0.970 585%	1.800 961%	5.700 613%
24	2.240 729%	2.919 762%	5.184 789%	0.988 052%	1.816 854%	5.718 953%

2. 宏观经济对环境及资产价格的方差贡献

表 6-3 包括了宏观指标、货币信贷及境外金融各变量对股票价格与房地产价格回报的方差分解结果。

表 6-3　宏观经济对资产价格的方差贡献

项目	宏观指标			货币信贷		境外金融
	物价	生产	消费	利率	信贷	"热钱"
	股票					
1	1.895 966%	0.215 298%	7.396 884%	10.720 660%	13.317 870%	$3.18×10^{-30}$%
3	1.508 128%	8.560 968%	7.033 827%	9.096 533%	10.949 470%	8.896 605%
6	1.405 147%	10.973 440%	7.208 524%	8.555 595%	10.114 330%	11.154 530%
12	1.365 711%	11.669 470%	7.233 825%	8.339 997%	9.829 147%	11.980 790%
24	1.362 500%	11.725 040%	7.234 193%	8.322 683%	9.806 359%	12.048 630%
	房价					
1	12.060 730%	0.276 121%	3.176 450%	6.258 064%	3.369 114%	$1.03×10^{-30}$%
3	11.658 620%	0.496 619%	4.814 449%	7.589 527%	4.088 433%	0.118 028%
6	11.631 140%	0.511 907%	4.850 782%	7.591 890%	4.086 494%	0.156 785%
12	11.628 930%	0.519 014%	4.852 933%	7.590 853%	4.085 736%	0.161 874%
24	11.628 740%	0.519 563%	4.852 985%	7.590 751%	4.085 675%	0.162 490%

由方差分解表可以看到，宏观经济变量中的物价、生产、消费变量及货币信贷和"热钱"变量最大可以解释股票价格一个方差变动的 1.896%、11.725%、7.397%、10.721%、13.318%、12.049%（物价第 1 期，生产第 24 期，消费第 1 期，利率第 1 期，信贷第 1 期，"热钱"第 24 期），即生产、货币信贷与境外金融变量对股票价格风险冲击的方差贡献较大，可见财富效应起到的作用相对较大，但不同的是消费变量的方差贡献具有时滞性，其在当期并未表现出最大的方差贡献，而是从第二期起逐渐增大。对于房地产价格而言，宏观经济变量最大可以解释其一个方差变动的 12.061%、0.520%、4.853%、7.592%、4.088%、0.162%（物价第 1 期，生产第 24 期，消费第 24 期，利率第 6 期，信贷第 3 期，"热钱"第 24 期），比较而言，物价和利率变量对房地产价格波动的影响大于其他宏观经济变量的影响。

6.5　结论与启示

本章借助 SVAR 模型，分别从国内货币信贷、国内宏观环境与境外金融环境三个层面实证探索了金融信贷视角下不同类型资产价格波动与宏观经济运行之间的风险联动关系。相对以往研究，本章的分析框架充分考虑了金融信贷、宏观经济变量和资产价格之间的递推关系，并专门考虑了各类宏观经济指标与资产价格之间潜在的内生性，更有效地捕捉了资产价格与宏观经济之间的风险联动。

研究发现，从国内货币信贷层面看，股票价格与房地产价格的变动对货币信贷环境的风险冲击持续时间较汇率变动更长。信贷变量对房地产价格的风险冲击有限，对股票和汇率的影响较大。此外，房地产价格与宏观经济环境变量之间的方差贡献度也表明，在代表宏观经济环境的各类指标中，货币供应量和利率变量对房地产价格波动的影响大于其他宏观经济变量的影响，信贷变量对房地产价格的风险冲击有限。从国内宏观经济基本面看，房地产价格对宏观经济变量的风险冲击较股票价格和汇率而言更大。相对于股票价格与汇率变量而言，房地产价格与宏观经济环境之间的风险冲击具有更为显著的反应。此外，代表宏观基本面的变量中，消费变量对房地产价格的风险冲击在持续时间与反应程度上较价格变量和生产变量更大。股票价格和房地产价格对生产、消费和价格三变量的风险冲击较汇率更大。与杨建辉和潘虹（2008）的研究发现类似，我们的研究表明汇率对宏观经济的风险冲击相对较小。

从境外金融层面看，房地产价格对"热钱"的风险冲击力度较股票价格和汇率而言更为有限，但其风险冲击的持续时间相对较长。房地产价格受到"热钱"的冲击后表现为先升后降，且表现出一定的持续性，可见，"热钱"在短期内有推高房地产价格的作用。

基于以上结论与分析，本书认为，短期内，货币供应量、利率和信贷规模对资产价格冲击力度较大，但长期而言，我国货币信贷变量及宏观经济政策对资产价格波动的调控能力有限，金融市场自身的运行规律依然是导致资产价格波动的重要原因。因而，为抑制我国资产价格泡沫与金融市场过度波动，相关政策层不仅要基于市场运行规律对资产价格波动加以关注，还必须有效控制金融系统风险的累积；不仅需要控制与约束金融信贷的调整，还需要进一步健全和完善金融市场的投融资制度与监管制度。

6.6　本 章 小 结

本章基于金融信贷、资产价格和宏观经济三者互动机理分析，构建SVAR，分别从国内货币信贷、国内宏观环境与境外金融环境三个层面考察不同资产价格在次贷危机后与宏观经济之间的风险联动关系。相对以往研究，本章在考虑同环比样本数据差异的同时，考虑了在金融信贷影响下异质性资产价格与宏观经济变量之间的潜在内生性对风险联动关系的影响。研究表明，在代表宏观经济环境的各类指标中，相对房地产价格，股票价格对货币信贷变量的冲击速度缓慢，但持续时间相对较长。股票价格与房地产价格对"热钱"的正向冲击均导致了"热钱"流入，且"热钱"在短期内有推高房地产价格的作用。但相对而言，来自房地产价格的冲击较股票价格而言较为稳定。信贷变量对股票价格与房地产价格的风险冲击较利率而言持续时间短，冲击力度小。为抑制由我国资产价格泡沫与金融市场过度波动引致的金融系统风险的累积，相关政策部门不仅需要控制与约束金融信贷的调整，还需要进一步健全和完善金融市场的投融资制度与监管制度。

参 考 文 献

段忠东. 2007. 房地产价格与通货膨胀、产出的关系——理论分析与基于中国数据的实证检验. 数量经济技术经济研究, 24（12）: 127-139.

桂荷发. 2004. 信贷扩张、资产价格泡沫与政策挑战. 财贸经济, （7）: 39-42.

黄静. 2010. 房价上涨与信贷扩张: 基于金融加速器视角的实证分析. 中国软科学, （8）: 61-69.

江曙霞, 何建勇. 2011. 银行资本、银行信贷与宏观经济波动——基于 C-C 模型的影响机理分析的拓展研究. 金融研究, （5）: 100-112.

蒋雪梅, 麦音华, 汪寿阳. 2013. 我国宏观经济——房地产动态可计算一般均衡模型研究. 系统工程理论与实践, 33（12）: 3035-3039.

李连发, 辛晓岱. 2012. 银行信贷、经济周期与货币政策调控: 1984-2011. 经济研究, （3）: 102-114.

李秀婷, 刘凡, 吴迪, 等. 2014. 基于投入产出模型的我国房地产业宏观经济效应分析. 系统工程理论与实践, 34（2）: 323-336.

刘莉亚. 2008. 境外"热钱"是否推动了股市、房市的上涨？——来自中国市场的证据. 金融研究, （10）: 48-70.

马亚明, 邵士妍. 2012. 资产价格波动、银行信贷与金融稳定. 中央财经大学学报, （1）: 45-51.

聂玉梅. 2012. 信贷扩张和资产价格波动对宏观经济影响分析. 中国证券期货, （9）: 206-207.

潘敏, 缪海斌. 2010. 银行信贷与宏观经济波动: 2003-2009. 财贸研究, 21（4）: 83-89.

谭庆华, 李黎. 2009. 宏观经济形势变化对银行信贷风险状况的影响. 投资研究, （4）: 7-10.

田祥宇, 闫丽瑞. 2012. 银行信贷、货币渠道与资产价格——兼论货币政策中介工具的选择. 财贸经济，（9）：70-75.

王晓明. 2010. 银行信贷与资产价格的顺周期关系研究. 金融研究，（3）：45-55.

吴培新. 2008. 我国宏观调控中的货币供应量和信贷规模. 经济学动态，（8）：43-48.

解陆一. 2012. 经济周期视角下的银行信贷与房地产价格关系的再研究. 投资研究，
　　（11）：115-123.

严金海. 2007. 土地抵押、银行信贷与金融风险：理论、实证与政策分析. 中国土地科
　　学，21（1）：17-23.

杨建辉，潘虹. 2008. 国际原油价格、人民币实际汇率与中国宏观经济研究. 系统工程理
　　论与实践，28（1）：1-8.

余秋玲，朱宏泉. 2014. 宏观经济信息与股价联动——基于中国市场的实证分析. 管理
　　科学学报，17（3）：15-26.

赵胜民，方意，王道平. 2011. 金融信贷是否中国房地产、股票价格泡沫和波动的原
　　因——基于有向无环图的分析. 金融研究，（12）：62-76.

周京奎. 2005. 货币政策、银行贷款与住宅价格——对中国 4 个直辖市的实证研究. 财贸
　　经济，（5）：22-27.

Allen F，Gale D. 2000. Bubbles and crises. The Economic Journal，110（460）：236-256.

Bernanke B S，Gertler M，Gilchrist S. 1998. The financial accelerator in a quantitative
　　business cycle framework. NBER Working Paper，No. 6455.

Bjornland H C，Leitemo K. 2009. Identifying the interdependence between U.S. monetary
　　policy and the stock market. Journal of Monetary Economics，56（2）：275-282.

Borio C，Lowe P. 2002. Assessing the risk of banking crises. BIS Quarterly Review，12：
　　43-54.

Bostic R，Gabriel S，Painter G. 2009. Housing wealth，financial wealth and consumption：
　　new evidence from micro data. Regional Science and Urban Economics，39（1）：
　　79-89.

Boz E，Mendoza E G. 2014. Financial innovation，the discovery of risk，and the U.S. credit
　　crisis. Journal of Monetary Economics，62（10/164）：1-22.

Carroll C D，Otsuka M，Slacalek J. 2006. How large is the housing wealth effect? A new
　　approach. NBER Working Paper，No. 12746.

Chen N K. 2001. Bank net worth，asset prices and economic activities. Journal of Monetary
　　Economies，48（2）：415-436.

Chen X S，Kontonikas A，Montagnoli A. 2012. Asset prices，credit and the business cycle.
　　Economics Letters，117（3）：857-861.

Errunza V，Hogan K. 1998. Macroeconomic determinants of European stock market volatility.
　　European Financial Management，4（3）：361-377.

Fama E F. 1990. Stock returns, expected returns, and real activity. Journal of Finance, 45 (4): 1089-1108.

Fama E F, French K R. 1988. Permanent and transitory components of stock prices. Journal of Political Economy, 96 (2): 246-273.

Gerdrup K R. 2003. Three episodes of financial fragility in norway sincethe 1890s. BIS Working Papers, No. 142.

Golbeck S, Linetsky V. 2013. Asset financing with credit risk. Journal of Banking and Finance, 37 (1): 43-59.

Guo F, Huang Y S. 2010. Does "hot money" drive China's real estate and stock markets? International Reviews of Economics and Finance, 19 (3): 452-466.

Hamilton J D, Lin G. 1996. Stock market volatility and the business cycle. Journal of Applied Econometrics, 11 (5): 573-593.

Hanousek J, Filer R K. 2000. The relationship between economic factors and equity markets in Central Europe. The Economics of Transition, 8 (3): 623-638.

Juster E T, Lupton J R, Smith J P. 2006. The decline in household saving and the wealth effect. The Review of Economics and Statistics, 88 (1): 20-27.

Kanas A, Ioannidis C. 2010. Causality from real stock returns to real activity: evidence of regime-dependence. International Journal of Finance and Economic, 15 (2): 180-197.

Mishkin F S. 1999. International experiences with different monetary policy regimes. Journal of Monetary Economics, 43 (3): 579-605.

Officer R R. 1973. The variability of market factor of the New York Stock Exchange. Journal of Business, 46 (3): 434-453.

Pierdzioch C, Dopke J, Hartmann D. 2008. Forecasting stock market volatility with macro-economic variables in real time. Journal of Economics and Business, 60 (3): 256-276.

Ross S. 1976. The arbitrage theory of capital asset pricing. Journal of Economic Theory, 13 (3): 341-360.

Tang K K. 2006. The wealth effect of housing on aggregate consumption. Applied Economics Letters, 13 (3): 189-193.

Vu N T. 2015. Stock market volatility and international business cycle dynamics: evidence from OECD economies. Journal of International Money and Finance, 50: 1-15.

第7章　货币政策与资产价格的波动溢出效应研究

7.1　引　　言

　　20 世纪 90 年代以来国际金融危机的频繁爆发，特别是近期由美国次贷危机引致的全球金融危机，严重阻滞了世界经济的增长，同时也暴露了传统顺周期的金融监管体制与金融运行模式无法有效识别和应对系统性风险的内在不足。在此背景下，逆周期货币政策调控与金融市场运行的重要关联再次引起了全球经济体的密切关注。回顾历次金融危机，资产价格泡沫过度膨胀与大规模的信用扩张始终形影相随。与此同时，资产价格泡沫信息流的跨市溢出使金融市场的波动从一个市场、地区、国家迅速传播到另一个市场、地区、国家，导致不同金融市场的异常动荡。我国沪深 300 股指期货自 2010 年 4 月正式推出以来，经过不断发展与完善，目前已经成为我国金融体系的重要组成部分。沪深 300 股指期货的推出，一定程度上，正在使股票现货市场的波动特征与模式悄然发生改变。已有研究表明，股指期货的推出，在中长期降低了现货市场的波动性，其与现货市场存在显著的风险溢出效应（汪冬华和索园园，2014；刘向丽和张雨萌，2012），但二者的双向风险溢出具有不对称性（刘庆富和华仁海，2011），两类市场交易时段的非同步性促进了市场效率的提高（程展兴和剡亮亮，2013），经济信息的发布同时也增加了股指期货市场的信息份额（周舟和成思危，2013）。因此，从辅助投资政策角度看，股指期货推出后，股票现货市场与货币政策关联互动是否增强抑或减弱？关联模式是否有所改变？股指期货与股票现货市场对货币政策信息的反应速度和反应模式有何差异？对以上悬而未决的问题的探索将有利于揭示股指期货推出后市场信息的波动传递机制，特别是金融风险的传导机制，提高资产价格波动的解读水平，降低资产价格异常波动，为金融市场改革、经济政策制定与管理部门提供理论支持和科学依据。

7.2　货币政策与资产价格的波动溢出效应研究现状

伴随次贷危机和欧债危机的接踵而至，货币政策调整与资产价格波动的关联性问题再次成为国内外金融经济学领域研究的焦点问题。国际相关研究历时长、范围广，无论是在理论方法研究还是在实证研究上都取得了值得借鉴的成果。在方法研究上，已经形成并构建了该研究领域传统的、经典的研究模型和方法，如套利定价理论（Ross，1976）、金融加速器模型（Bernanke et al.，1998）等。已有的相关研究除运用传统的回归分析方法外，则偏重于运用金融计量经济学的技术手段考察变量之间的动态关系，如 DSGE、GARCH、VAR、SVAR 等时间序列方法和模型也是模拟货币政策调整、宏观经济波动与资产价格波动的有效工具。现有研究内容主要涉及通货膨胀预期、货币政策与资产价格波动的低频与高频分析、中央银行对资产价格的干预程度等方面。具体而言，在经济信息的预期效应研究方面，现有研究表明，可预见到的经济信息对资产价格的冲击较小，而未预见到的经济信息对资产价格和市场波动性会产生较强的影响（Benigno and Paciello，2014）。预期的存在，使规律性与非规律性调控信息对资产价格波动的影响迥异（Ederington and Lee，1993）。在基于不同频率数据和数量方法的经济信息波动与资产价格波动关系的研究方面，Fama（1990）、Lee（1992）、Muradoglu 等（2000）、Andersen 等（2003）、Rosa（2014）、Chowdhury 和 Rahman（2004）基于日数据借助GARCH、VAR 等方法分析了宏观经济波动与资产价格波动的关系。

　　对于中国市场的相关研究，可以归纳为如下三类：第一，在货币政策的资产价格传导方面，周晖等（周晖和王擎，2009；周晖，2010）基于货币政策的资产价格传导理论，对资产价格与货币政策之间的相互影响关系的分析表明，资产价格波动对货币政策的反应周期为 2~7 个月，认为中央银行对货币政策制定与操作的完善应该加大对股票市场的关注度，可以通过调控宏观经济等方式对股票价格和房地产价格进行间接的调控。第二，在资产价格波动与货币政策调整的互动关联方面，已有研究表明，金融资产价格对货币政策的调整会产生显著反应，反过来，货币政策传导过程中资产价格对消费、投资和金融体系也有一定影响（余秋玲和朱宏泉，2014；梁爽，2010；周京奎，2005）；其中，余秋玲和朱宏泉（2014）、Xu 和 Chen（2012）区分了货币政策预期与未预期部分对资产价格波动的影响。此外，以股票价格和房地产价格为例通过对货币政策与资产价格关联关系的分析可知，资产价格与货币政策存在双向的互动效果，单从货币政策操作效果角度而言，资产价格对中央银行货币政策的调整操作表现出积极及时的反应（卢涛等，2006；王军波和邓述慧，1999；Baba et al.，1991）。第三，在中央银行货币政策的短期宣告效应方面，现有研究主要借助传统事件研究方法分析中央银行货币政策调整对股票价格及市场流动性的宣告效应。研究发现，在短期内，利率政策调整宣布对股票市场资产价格及其波动影响显著，但其操作效果与经济理论相反，而长期则趋于稳定（Bernanke and Kuttner，2003；Kearns and Manners，2006；Kuttner，2001）。

　　总结梳理已有文献发现，有关资产价格与货币政策关联方面的研究，已经取得了较为丰富的成果。国外有关成熟经济体的相关金融市场和产品与货币政策的关联研究，虽然内容和方法都较为多样化并趋于成熟，但是由于有关中国货币政策研究的可获取的数据资料有限，在国外有关资产价格及波动对货币政策的反应的众多研究文献中，鲜见有关中国货币政策及其对金融市场价格及波动的影响研究。国内相关研究受金融市场体制不够健全、金融产品种类相对较少等客观条件的限制，相关研究的理论和方法尚处于逐步完善之中，且多集中于货币政策调整与单一市场资产价格变动的关联研究方面。股指期货推出后，在理论层面上，股票市场与货币政策之间的关系较此前将会发生改变。股指期货不但从资金流向、风险溢出等方面影响股票现货市场，而且其对流动性吸纳作用将直接关系到货币政策操作的有效性。

本章基于现有文献，通过构建由协整、格兰杰因果检验、误差修正模型、二元 VAR-BEKK-MGARCH（1，1）、三元 VAR-BEKK-MGARCH（1，1）模型组合的递进式计量分析框架，以沪深 300 指数、股指期货与货币市场利率之间的互动关系为研究对象，细致剖析我国沪深 300 股指期货推出前后股票现货市场与货币政策的关联互动关系及其变化。与以往研究不同的是，本章将在考虑股指期货与股票现货市场之间波动溢出的条件下把握货币政策与股票价格之间的动态关联，以期在资产价格之间的动态相依关系中把握资产价格与货币政策之间的关联关系变化，并能够模拟资产价格波动的蔓延过程。

7.3　研　究　设　计

7.3.1　研究方法

广义多维自回归条件异方差（multivariate generalized auto regressive conditional heteroskedasticity，MGARCH）模型对金融市场波动的刻画不仅能够涵盖单市场、单因素的波动特性，同时还可捕捉到多市场、多因素之间的动态相依性。基于模型适用性及研究目标的综合考虑，为描述沪深 300 股指期货推出前后股票现货市场与货币政策[①]之间信息传递变化及多个市场价格的波动溢出效应提供更全面、更稳健的证据，本章拟借助协整方法、格兰杰因果检验、误差修正模型、二元 VAR-BEKK-MGARCH（1，1）及三元 VAR-BEKK-MGARCH（1，1）模型组合构建递进式计量分析框架。

其中，三元 VAR-BEKK-MGARCH（1，1）模型如下设定。均值方程为

$$R_t = \gamma_0 + \gamma R_{t-i} + \varepsilon_i \qquad (7\text{-}1)$$

式（7-1）的矩阵表示形式为

---

① 本章以货币市场基准利率 Shibor3M 为货币政策代表变量，选择依据详见第 4 章。

$$\begin{pmatrix} R_{s,t} \\ R_{f,t} \\ R_{r,t} \end{pmatrix} = \begin{pmatrix} \gamma_1 \\ \gamma_2 \\ \gamma_3 \end{pmatrix} + \begin{pmatrix} \gamma_{11} & \gamma_{12} & \gamma_{13} \\ \gamma_{21} & \gamma_{22} & \gamma_{23} \\ \gamma_{31} & \gamma_{32} & \gamma_{33} \end{pmatrix} \begin{pmatrix} R_{s,t-i} \\ R_{f,t-i} \\ R_{r,t-i} \end{pmatrix} + \begin{pmatrix} \varepsilon_{1,t} \\ \varepsilon_{2,t} \\ \varepsilon_{3,t} \end{pmatrix} \qquad (7\text{-}2)$$

其中，$R_{s,t}$（$R_{f,t}$、$R_{r,t}$）表示股票价格（期货、货币市场利率）在 t 期的收益率；γ_1（γ_2、γ_3）为常数项；i 为滞后阶数；系数 γ_{11}（γ_{22}、γ_{33}）表示期货（股票、货币）价格收益率受到自身前期变化的影响；γ_{12} 和 γ_{21}、γ_{13} 和 γ_{31}、γ_{23} 和 γ_{32} 表示三类市场一阶价格的信息溢出；$\varepsilon_{1,t}$（$\varepsilon_{2,t}$、$\varepsilon_{3,t}$）为随机误差项。

条件方差方程为

$$H_{t+1} = C'C + B'H_t B + A'\varepsilon_t \varepsilon_t' A \qquad (7\text{-}3)$$

其中，$\varepsilon_t = H_t^{1/2}\eta_t$，$\eta_t \sim \mathrm{iidN}(0, I)$。

式（7-3）的矩阵形式表示为

$$\begin{pmatrix} h_{11,t+1} & h_{12,t+1} & h_{13,t+1} \\ h_{21,t+1} & h_{22,t+1} & h_{23,t+1} \\ h_{31,t+1} & h_{32,t+1} & h_{33,t+1} \end{pmatrix} = \begin{pmatrix} c_{11} & 0 & 0 \\ c_{21} & c_{22} & 0 \\ c_{31} & c_{32} & c_{33} \end{pmatrix}' \begin{pmatrix} c_{11} & 0 & 0 \\ c_{21} & c_{22} & 0 \\ c_{31} & c_{32} & c_{33} \end{pmatrix}$$

$$+ \begin{pmatrix} b_{11} & b_{12} & b_{13} \\ b_{21} & b_{22} & b_{23} \\ b_{31} & b_{32} & b_{33} \end{pmatrix}' \begin{pmatrix} h_{11,t} & h_{12,t} & h_{13,t} \\ h_{21,t} & h_{22,t} & h_{23,t} \\ h_{31,t} & h_{32,t} & h_{33,t} \end{pmatrix} \begin{pmatrix} b_{11} & b_{12} & b_{13} \\ b_{21} & b_{22} & b_{23} \\ b_{31} & b_{32} & b_{33} \end{pmatrix} \qquad (7\text{-}4)$$

$$+ \begin{pmatrix} a_{11} & a_{12} & a_{13} \\ a_{21} & a_{22} & a_{23} \\ a_{31} & a_{32} & a_{33} \end{pmatrix}' \begin{pmatrix} e_{1,t}e_{1,t} & e_{1,t}e_{2,t} & e_{1,t}e_{3,t} \\ e_{2,t}e_{1,t} & e_{2,t}e_{2,t} & e_{2,t}e_{3,t} \\ e_{3,t}e_{1,t} & e_{2,t}e_{3,t} & e_{3,t}e_{3,t} \end{pmatrix} \begin{pmatrix} a_{11} & a_{12} & a_{13} \\ a_{21} & a_{22} & a_{23} \\ a_{31} & a_{32} & a_{33} \end{pmatrix}$$

其中，h_{11}（h_{22}、h_{33}）代表序列的条件方差；h_{12}（h_{13}、h_{21}、h_{23}、h_{31}、h_{32}）表示收益率序列间的条件协方差，考察三类市场之间的高阶波动溢出效应，在于检验系数 a_{11}、a_{13}、a_{23}、b_{12}、b_{13}、b_{23} 及 a_{21}、a_{31}、a_{32}、b_{21}、b_{31}、b_{32} 是否显著异于零。

本章的模型参数借助极大似然法，对数似然估计函数为

$$L(\boldsymbol{\theta}) = -\frac{TN}{2}\lg 2\pi - \frac{1}{2}\sum_{t=1}^{T}\left(\lg|\boldsymbol{H}_t| + \varepsilon_t'\boldsymbol{H}_t^{-1}\varepsilon_t\right) \qquad (7\text{-}5)$$

其中，$\boldsymbol{\theta}$ 为待估参数向量；T 为样本量；N 为序列数量；t 表示样本中的第 1 期，第 2 期，…，第 t 期；ε_t 表示随机误差；$\boldsymbol{H}_t^{-1}$ 表示条件方差矩阵。

7.3.2　变量选择与数据的统计描述

为获得股指期货推出前后股票价格与货币政策关联关系中金融信息传递作用的全面比较分析，我们选择的市场变量为：沪深 300 指数与沪深 300 期货指数，选择货币市场基准利率中的 3 个月利率品种，即 Shibor3M 作为货币政策的代理变量。

货币政策代理变量的选择基于如下考虑：国际上，通常采用联邦基金期货合约（Bernanke and Kuttner, 2003; Kuttner, 2001）、银行票据利率期货（Kearns and Manners, 2006）或市场短期利率作为货币政策的代理变量。国内尚未形成类似的短期利率期货产品，而货币政策的中介目标货币供应量 M2（月度数据）作为中央银行货币政策的代理变量，其有效性已经降低（中国人民银行研究局课题组，2002；夏斌和廖强，2001）。我国 2006 年 10 月推出的货币市场基准利率——Shibor，具有连续且相对稳定的期限结构，能够快速反映货币政策操作和市场资金供求关系，已完全能够承担货币政策操作传导中介目标的角色。我们借鉴文献 Reid（2009）、熊海芳和王志强（2012）、寇明婷和卢新生（2011）选择市场利率作为货币政策代理变量的方法，并同时对样本期内 Shibor 利率的 8 个品种与货币政策工具之间关系的稳定性和相关性进行逐个验证，确定选用短期利率 Shibor3M 作为货币政策的代理变量。

在样本区间的确定遴选上，为避免次贷危机的冲击，我们分别选用次贷危机后沪深 300 股指期货推出前与推出后的两阶段样本区间，沪深 300 股指期货推出前样本区间为 2009 年 1 月 4 日至 2010 年 4 月 15 日，沪深 300 股指期货推出后样本区间为 2010 年 4 月 16 日至 2014 年 4 月 10 日。整理匹配数据后，两类样本区间分别得到 312 组、963 组日交易样本数据。此外，本章所有数据源于 Wind 数据库。

依据样本期内沪深 300 指数、沪深 300 股指期货指数与货币政策变动走势绘制图 7-1。图 7-1 中垂直线为股指期货推出时间界点（2010 年 4 月 16 日），横坐标轴为时间，纵坐标轴左侧为股票与股指期货指数，右侧为利率。观察图 7-1 不难发现，在股指期货推出前，沪深 300 指数呈现双向波动的上升趋势。在股指期货推出后，沪深 300 股指期货与股票现货市场走势几乎一致，整体呈现下跌趋势，而货币市场利率则表现为由上升到小幅下跌再到平稳到上升的趋势。从总的走势图看，我国沪深 300 股指期货推出后，股票市场与货币政策代理变量的互动关联较股指期货推出前显著增强，但其动态关联关系的细致变化还需根据市场情况进行实际论证。

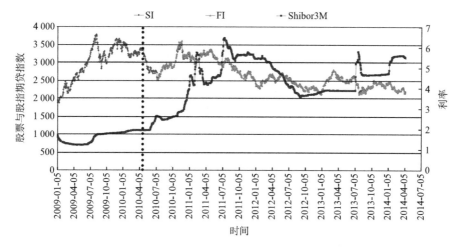

图 7-1　2009~2014 年沪深 300 指数、股指期货指数与货币政策代理变量走势图

表 7-1 分别描述了股指期货推出前样本区间 2009 年 1 月 4 日至 2010 年 4 月 15 日与股指期货推出后样本区间 2010 年 4 月 16 日至 2014 年 4 月 10 日两类样本区间内沪深 300 股指期货指数与沪深 300 股票现货指数两个时间序列数据的统计特性即自身特点。从各序列标准差来看，样本区间内股票现货市场波动性较期货市场更强，在股指期货上市后，股票现货指数波动性降低。JB 统计量和偏度表明全样本区间和股指期货推出前后的样本区间内各收益率序列的分布均呈尖峰厚尾分布，显著异于正态分布，且收益率左偏。Ljung-Box Q 统计量表明，股指期货推出前后样本区间的序列收益率序列与序列的平方均具有显著的自相关性。ADF 检验结果表明两类样本区间内序列收益率序列均为平稳过程[①]。

---

① Shibor3M 序列为 1 阶平稳过程。

表 7-1　样本数据的统计描述

资产类型	均值	标准差	偏度	峰度	JB 统计量	Q（12）	Q²（12）	ADF 检验值
股指期货推出前样本（2009 年 1 月 4 日至 2010 年 4 月 15 日）								
股价指数 SI	0.185	1.913	− 0.542	4.440	42.235***	90.693***	93.061***	− 16.980***
Shibor3M	0.452	0.182	− 0.349	1.393	39.921***	3 380.5***	3 170.1***	− 4.925***
股指期货推出后样本（2010 年 4 月 16 日至 2014 年 4 月 10 日）								
股价指数 SI	− 0.040	1.396	− 0.163	4.857	142.618***	230.17***	108.72***	− 31.215***
Shibor3M	1.221	0.339	− 0.014	3.240	2.334	6 029.5***	3 806.0***	− 5.606***
期货指数 FI	− 0.042	1.378	− 0.055	6.044	372.301***	244.01***	135.42***	− 30.517***

***代表 1%的显著性水平下拒绝零假设

注：JB 统计量用于检验序列的正态性；ADF 为单位根检验统计量，用于检验序列的平稳性；Q（12）和 Q²（12）分别代表序列和序列平方的 Ljung-Box Q 统计量

7.4　计 量 分 析

7.4.1　协整关系检验

沪深 300 股指期货推出前后及全样本区间内，沪深 300 指数与货币政策以及股指期货序列的协整关系检验如表7-2所示。我们利用LS回归法判断确定所考察序列之间的协整方程存在常数项和趋势项；并借助 AIC 分别确定滞后 1 期和 4 期为股指期货推出前、后两类样本区间的最佳滞后期。

表 7-2　沪深 300 股指期货价格、股票现货价格与货币政策之间的 Johansen 检验结果

变量	原假设	迹统计量	特征值	5%临界值
股指期货推出前样本区间（2009 年 1 月 4 日至 2010 年 4 月 15 日）				
SI&MP	无协整关系	126.449	0.335	15.495
	至多一组	0.086	0.000 3	3.841
股指期货推出后样本区间（2010 年 4 月 16 日至 2014 年 4 月 10 日）				
FI&SI&MP	无协整关系	487.126	0.261	29.797
	至多一组	197.317	0.160	15.495
	至多两组	30.339	0.031	3.841

检验结果显示，两类样本区间内，在无协整关系的假设下，检验结果的迹统计量 126.449、487.126 分别大于临界值 15.495 与 29.797，原假设——无协整关系被拒绝；此外，在沪深 300 股指期货推出后的样本区间内，在协整关系检验结果中至多存在一组与至多存在两组协整向量的假设下，迹统计量 197.317、30.339 分别大于临界值 15.495、3.841。以上结果表明股指期货推出前，在 5%的显著性水平下，沪深 300 股票现货市场与货币政策之间存在长期均衡的协整关系。股指期货推出后，在 5%的显著性水平下，沪深 300 股指期货市场与沪深 300 股票现货市场以及货币政策之间均存在长期均衡的协整关系。对比两类样本区间的检验结果，不难发现在股指期货推出前后，在考虑金融信息传递的条件下，股票市场与货币政策之间的协整关系并未发生改变。

7.4.2　格兰杰因果检验

沪深 300 股指期货指数与沪深 300 股票现货指数以及货币政策代表变量之间的协整关系代表了三者之间的长期均衡关系，而格兰杰因果检验则是从短期角度探究三者之间的互动依赖。考虑到格兰杰因果检验对滞后阶数的高敏性，我们借助 AIC 信息准则进行判断遴选，最后选取滞后 1 期和 4 期为两类样本区间的最佳滞后期。检验结果如表 7-3 所示。

表 7-3　沪深 300 股指期货指数、股票现货指数与货币政策的因果关系检验

零假设	滞后期	F 值	p 值	决策	因果关系结论
股指期货推出前样本区间（2009 年 1 月 4 日至 2010 年 4 月 15 日）					
ln MP $\neq>$ ln SI	1	4.012	0.046	拒绝	ln MP $\neq>$ ln SI
ln SI $\neq>$ ln MP		0.011	0.917	接受	ln SI $\neq>$ ln MP
股指期货推出后样本区间（2010 年 4 月 16 日至 2014 年 4 月 10 日）					
ln FI $\neq>$ ln SI	4	1.047	0.382	接受	ln FI $\neq>$ ln SI
ln SI $\neq>$ ln FI		5.182	0.000 4	拒绝	ln SI $\neq>$ ln FI
ln MP $\neq>$ ln SI	4	0.667	0.615	接受	ln MP $\neq>$ ln SI
ln SI $\neq>$ ln MP		2.207	0.066	拒绝	ln SI $\neq>$ ln MP
ln MP $\neq>$ ln FI		0.660	0.620	接受	ln MP $\neq>$ ln FI
ln FI $\neq>$ ln MP		2.048	0.086	拒绝	ln FI $\neq>$ ln MP

格兰杰因果检验结果显示，在沪深 300 股指期货推出前的第一样本区间内，原假设货币政策不是股票价格的格兰杰原因在 5% 的显著性水平下被拒绝，而股票价格不是货币政策的格兰杰原因的原假设被接受，此结果表明短期内货币政策对沪深 300 股票现货具有单向引导作用，股票现货对货币政策的引导作用不明显；而股指期货、现货与货币政策的格兰杰因果检验均表明，股指期货与现货市场对货币政策表现出显著的单向引导作用。可见，沪深 300 股指期货推出后，在考虑金融信息传递的条件下，股票市场与货币政策之间的单向引导关系发生了改变。

7.4.3　股票市场与货币政策互动关联的 VAR-BEKK-MGARCH 分析

1）股指期货推出前后股票市场与货币政策互动关联变化的比较分析

表 7-4 为股指期货推出前后的两类分样本区间内，股票市场与货币政策之间的多元 GARCH（1，1）模型参数估计结果。通过比较，不难发现，股指期货推出前，条件均值方程的估计系数中除货币政策代理变量受到来自自身的滞后项对其的显著影响外，其余均不显著。因此，在股指期货推出前，股票价格波动与货币政策调整之间的一阶引导关系不明显。股指期货推出后，二者在短期内则表现出显著的双向引导作用。

表 7-4　股指期货推出前后股票价格与货币政策关联互动的多元 GARCH 模型估计结果

参数	股指期货推出前				股指期货推出后			
	R_s		R_{mp}		R_s		R_{mp}	
	Coeff.	S.E.	Coeff.	S.E.	Coeff.	S.E.	Coeff.	S.E.
条件均值方程的参数估计								
r	0.110	0.101	−0.001	0.008	−0.012	0.036	−0.016***	0.004
$\Delta(R_s, t-2)$	—	—	—	—	0.055**	0.027	0.025***	0.004
$\Delta(R_s, t-3)$	—	—	—	—	0.030	0.024	−0.005	0.004
$\Delta(R_s, t-4)$	—	—	—	—	−0.044*	0.025	0.016***	0.002
$\Delta(R_{mp}, t-1)$	−0.031	0.177	0.717***	0.059	−0.104**	0.049	0.649***	0.020
$\Delta(R_{mp}, t-2)$	—	—	—	—	0.028	0.067	0.157***	0.046
$\Delta(R_{mp}, t-3)$	—	—	—	—	−0.071	0.064	0.033	0.026
$\Delta(R_{mp}, t-4)$	—	—	—	—	0.089	0.054	−0.128***	0.010

续表

参数	股指期货推出前				股指期货推出后			
	R_s		R_{mp}		R_s		R_{mp}	
	Coeff.	S.E.	Coeff.	S.E.	Coeff.	S.E.	Coeff.	S.E.
条件方差方程的参数估计								
$c_{1,i}$	− 0.021	0.104	—	—	1.324***	0.070	—	—
$c_{2,i}$	0.051***	0.009	0.000 1	0.453	0.023	0.018	− 0.000 002	0.089
$a_{1,i}$	− 0.056	0.097	0.005	0.006	− 0.048	0.039	− 0.077***	0.007
$a_{2,i}$	0.423	0.436	1.182***	0.093	− 0.647***	0.140	2.610***	0.094
$b_{1,i}$	0.992***	0.006	0.002	0.002	− 0.193	0.245	0.046***	0.009
$b_{2,i}$	− 0.412**	0.169	0.562***	0.051	0.002	0.063	0.309***	0.024
模型残差检验								
参数	Q 统计量		Q 统计量		Q 统计量		Q 统计量	
Q（12）	6.072		15.976		11.371		16.702	
Q^2（12）	23.261		1.506		21.895		0.315	

*、**、***分别表示 10%、5%、1%显著性水平

注：Q（12）与 Q^2（12）分别是对残差及残差平方序列的自相关性的 Ljung-Box Q 统计量

在条件方差方程中，股指期货推出前，除系数 b_{21} 显著（1%）外，系数 a_{12} 与 a_{21}、b_{12} 均不显著异于零，由此表明沪深 300 股票现货市场与货币政策之间存在由货币政策到股票市场的单向高阶风险波动溢出效应。

股指期货推出后，与其推出前不同的是，系数 a_{12} 与 a_{21} 均显著异于零（1%），且 $|a_{21}|$（0.647）>$|a_{12}|$（0.077），表明股票市场与货币政策之间具有双向冲击，货币政策对股票市场的冲击更为强烈。系数 b_{12} 在股指期货推出后的样本内显著异于零（1%），而 b_{21} 不显著，此结果表明股指期货推出后，沪深 300 股票现货市场与货币市场之间的风险波动溢出效应表现为由股票市场到货币政策的风险溢出，而货币政策到股票市场的风险溢出相对减弱。

综合本节两类分样本的参数估计结果，不难发现在股指期货推出前，只存在由货币政策到股票市场的单向高阶风险波动溢出效应，而一阶均值波动传递和股票市场到货币政策的高阶风险溢出均表现不显著。在股指期货推出后，则均表现为双向价格传递溢出，且货币政策到股票市场的风险溢出相对减弱。

表 7-4 的第 3 部分为模型残差的自相关检验。结果表明，在滞后 12 阶，1%的显著性水平下，残差与残差的平方均不存在显著的自相关关系，即它们不存在线性和非线性相关，此结果表明我们所建立的 VAR-BEKK-GARCH

（1，1）模型是合理的。

2）多市场信息传递下股票市场与货币政策的互动关联分析

为剖析股指期货推出后，股票市场与货币政策互动关联变化的原因，我们基于市场信息的角度，更深层次地分析了在多市场信息传递下股票市场与货币政策的互动关联。

如表 7-5 所示，在沪深 300 股指期货推出后，考虑金融市场信息传递因素的货币政策与股票市场之间的三变量的 VAR-BEKK-MGARCH（1，1）模型参数估计结果表明，在股票现货的均值方程中，来自自身、货币政策与期货价格的 2 阶、1 阶与 3 阶滞后变量对股票现货价格产生了显著影响（5%）；在货币政策代理变量的均值方程中，除自身外，股票现货市场与股指期货市场均对其产生了显著影响（1%）；在股指期货的均值方程中，与股票现货类似，对其产生显著影响的变量是自身、股票现货市场的滞后变量（1%）及货币政策变量的 1 阶滞后变量。此结果表明短期内货币政策与股票市场、股指期货市场具有双向影响，且货币政策受到的来自股票现货与股指期货市场的影响更强烈。

表 7-5　三变量 VAR-BEKK-MGARCH（1，1）模型参数估计结果

参数	R_s		R_{mp}		R_f	
	Coeff.	S.E.	Coeff.	S.E.	Coeff.	S.E.
条件均值方程的参数估计						
r	0.090**	0.039	−0.049***	0.004	0.084**	0.038
$\Delta(R_s, t-1)$	0.046	0.048	0.011	0.007	0.465***	0.051
$\Delta(R_s, t-2)$	0.289***	0.071	−0.024***	0.009	0.595***	0.072
$\Delta(R_s, t-3)$	0.162*	0.090	−0.023**	0.009	0.381***	0.090
$\Delta(R_s, t-4)$	0.077	0.084	−0.024***	0.009	0.153*	0.083
$\Delta(R_{mp}, t-1)$	−0.107**	0.049	0.590***	0.019	−0.103**	0.046
$\Delta(R_{mp}, t-2)$	0.028	0.062	0.107***	0.015	0.040	0.058
$\Delta(R_{mp}, t-3)$	−0.058	0.056	−0.029***	0.013	−0.059	0.053
$\Delta(R_{mp}, t-4)$	0.025	0.039	0.179***	0.009	0.020	0.037
$\Delta(R_f, t-1)$	−0.026	0.050	−0.010	0.007	−0.472***	0.054
$\Delta(R_f, t-2)$	−0.364***	0.073	0.038***	0.009	−0.638***	0.075
$\Delta(R_f, t-3)$	−0.166*	0.091	0.044***	0.009	−0.368***	0.092
$\Delta(R_f, t-4)$	−0.105	0.083	0.028***	0.008	−0.159*	0.082

续表

参数	R_s		R_{mp}		R_f	
	Coeff.	S.E.	Coeff.	S.E.	Coeff.	S.E.
条件方差方程的参数估计						
$c_{1,i}$	1.132***	0.099	—		—	
$c_{2,i}$	0.032***	0.010	0.001	0.049	—	
$c_{3,i}$	0.999***	0.094	0.000 1	0.023	0.000 2	0.022
$A_{1,i}$	− 0.015	0.083	− 0.246***	0.017	0.147*	0.056
$A_{2,i}$	− 0.310**	0.025	2.378***	0.067	− 0.238*	0.132
$A_{3,i}$	0.028	0.099	0.104***	0.018	− 0.159*	0.092
$B_{1,i}$	0.166	0.142	0.040*	0.023	1.055***	0.131
$B_{2,i}$	− 0.195***	0.054	0.233***	0.019	− 0.142***	0.053
$B_{3,i}$	− 0.730***	0.068	− 0.013	0.024	− 1.643***	0.060
模型残差检验						
参数	Q 统计量		Q 统计量		Q 统计量	
Q（12）	14.733		16.164		15.562	
Q^2（12）	14.852		0.939		11.953	

*、**、***分别表示 10%、5%、1%显著性水平

注：Q（12）与 Q^2（12）分别是对残差及残差平方序列的自相关性的 Ljung-Box Q 统计量

在条件方差方程中，系数 a_{22} 和 b_{22}、a_{33} 和 b_{33} 均显著异于零（1%），表明货币市场 Shibor3M 利率，沪深 300 股指期货价格的波动均具有强烈的 ARCH 和 GARCH 效应，即其波动表现出时变方差性或波动的持久性。在方差联动系数方面，系数 a_{21} 和 a_{12}、a_{23} 和 a_{32}、a_{13} 均显著异于零（10%），且 $|a_{21}|(0.310) > |a_{12}|(0.246)$，$|a_{23}|(0.238) > |a_{32}|(0.104)$，此结果表明股票现货市场、股指期货市场与货币政策之间存在显著的双向波动冲击，且相对而言货币政策对两市的冲击更强。系数 b_{21}、b_{12}、b_{23}、b_{13} 和 b_{31} 均显著异于零（10%），而系数 b_{32} 未表现出显著性，此结果表明期货市场、股票市场与货币政策两两之间存在双向波动溢出效应，且 $|b_{21}|(0.195) > |b_{12}|(0.040)$，即相对而言，货币政策对两类市场的风险波动溢出更强。综上可见，股指期货推出后，股票市场与货币政策之间存在显著的双向互动冲击。但在股指期货信息传递的作用下，货币政策对股票市场和期货市场的风险溢出较之前更为显著。

表 7-5 第 3 部分为模型残差的自相关检验。结果表明，在滞后 12 阶的情况下，所有序列残差不存在显著的自相关关系。此结果也进一步说明我们所

建立的模型 VAR-BEKK-GARCH（1，1）的合理性所在，其检测结果能够有效阐释沪深 300 股指期货市场、沪深 300 股票现货市场及货币市场之间的波动溢出效应。

7.5　本　章　小　结

本章通过运用由协整、格兰杰检验、误差修正模型、二元 VAR-BEKK-MGARCH（1，1）、三元 VAR-BEKK-MGARCH（1，1）模型构成的递进式的计量分析框架分析了沪深 300 股指期货推出前后股票价格与货币政策关联关系的变化。结果表明：①股指期货推出后，在考虑金融市场信息溢出的条件下，股票市场的波动性降低，货币政策与股票价格之间存在长期均衡的协整关系，与股指期货上市前的时期比较其协整关系并未发生改变。②格兰杰因果检验表明，股指期货推出后，货币政策与股票价格之间引导关系改变为由股票市场到货币政策的单向引导作用。③总体而言，股票市场波动与货币政策调整之间存在显著的双向风险波动溢出效应，且货币政策调整对股票市场的风险波动传递更强。但股指期货推出后，在期货市场信息传递的作用下，货币政策对股票市场和期货市场的风险溢出较之前有所降低。④在股指期货推出前，股票市场与货币政策之间的一阶均值波动冲击与高阶风险溢出只表现为货币政策对股票价格的单向价格传递溢出效应，而在股指期货推出后，则表现为双向价格传递溢出。

货币政策与股票市场之间的相依互动源于货币政策的资产价格传导渠道以及中央银行货币政策操作引起的资金流动。股指期货推出后，股票价格与货币政策表现出显著的高阶波动关联；而货币政策与股指期货价格之间的相依互动则一方面源于货币政策与汇率市场之间的传导以及汇率市场与期货市场之间的传导，另一方面则源于货币政策操作对市场预期及流动性影响的效果。中央银行货币政策不仅可以调控货币市场本身的流动性，还可通过政策宣布传递中央银行的政策意图，进而影响其他金融市场参与者的预期。

股指期货推出后，在考虑金融市场信息传递条件下，股票市场与货币市场表现出更强的一阶矩和二阶矩的相依互动性，且其与股指期货市场也表现出显著的波动溢出联动。此结果一方面表明我国中央银行在货币政策操作中对金融市场的条件有所关注，金融市场资产价格本身的波动及相互之间的波动溢出对货币政策的制定和操作存在一定的冲击；另一方面也表明现行中央银行货币政策在金融市场之间的传递是有效的，尤其在股指期货推出后，其对资金流的吸纳增强了货币政策的有效性。

此外，股指期货市场的价格发现和信息导向功能的有效发挥已使其成为引导市场资源配置的有效手段。但由于股票期货市场与现货市场较高的相依互动性的存在，这就要求两类市场的投资者不仅要关注各自市场本身的波动行情，还要适时对另一市场变化进行综合分析。对于市场监管者，必须综合监控各关联市场，密切关注市场波动走势，以避免市场间的联动效应导致风险的蔓延与放大。

参 考 文 献

程展兴，剡亮亮. 2013. 非同步交易、信息传导与市场效率——基于我国股指期货与现货的研究. 金融研究，（11）：154-166.

寇明婷，卢新生. 2011. 中央银行货币政策调整的股票价格效应研究——基于 A 股市场高频数据的实证分析. 山西财经大学学报，（1）：40-48.

梁爽. 2010. 中国货币政策与资产价格之间的关系研究. 经济科学，（6）：59-65.

刘庆富，华仁海. 2011. 中国股指期货与股票现货市场之间的风险传递效应研究. 统计研究，28（11）：84-90.

刘向丽，张雨萌. 2012. 基于向量误差修正模型的股指期货价格发现功能研究. 管理评论，24（2）：71-77.

卢涛，王春峰，房振明. 2006. 公开市场操作公告对中国股市交易行为的影响. 北京理工大学学报（社会科学版），8（5）：75-79.

汪冬华，索园园. 2014. 我国沪深 300 股指期货和现货市场的交叉相关性及其风险. 系统工程理论与实践，34（3）：631-639.

王军波，邓述慧. 1999. 中国利率政策和证券市场的关系的分析. 系统工程理论与实践，19（8）：15-22.

夏斌，廖强. 2001. 货币供应量已不宜作为当前我国货币政策的中介目标. 经济研究，
　　（8）：33-43.

熊海芳，王志强. 2012. 货币政策意外、利率期限结构与通货膨胀预期管理. 世界经济，
　　（6）：30-55.

余秋玲，朱宏泉. 2014. 宏观经济信息与股价联动——基于中国市场的实证分析. 管理
　　科学学报，17（3）：15-26.

赵进文，高辉. 2009. 资产价格波动对中国货币政策的影响——基于1994-2006年季度数
　　据的实证分析. 中国社会科学，（2）：98-114.

中国人民银行研究局课题组. 2002. 中国股票市场发展与货币政策完善. 金融研究，
　　（4）：1-12.

周晖. 2010. 货币政策、股票资产价格与经济增长. 金融研究，（2）：91-101.

周晖，王擎. 2009. 货币政策与资产价格波动：理论模型与中国的经验分析. 经济研究，
　　（10）：61-74.

周京奎. 2005. 货币政策、银行贷款与住宅价格——对中国4个直辖市的实证研究. 财贸
　　经济，（5）：22-27.

周舟，成思危. 2013. 沪深300股指期货市场中的宏观经济信息发布与价格发现. 系统工
　　程理论与实践，33（12）：3045-3053.

Andersen T G, Bollerslev T, Diebold F X, et al. 2003. Modeling and forecasting realized
　　volatility. Econometrica, 71（2）: 579-625.

Baba Y, Engle R F, Kraft D F, et al. 1991. Multivariate simultaneous generalized ARCH.
　　Working Paper, Department of Economics, University of California, San Diego.

Benigno P, Paciello L. 2014. Monetary policy, doubts and asset prices. Journal of Monetary
　　Economics, 64（3）: 85-98.

Bernanke B S, Kuttner K N. 2003. What explains the stock market's reaction to federal
　　reserve policy? The Journal of Finance, 60（3）: 1221-1257.

Bernanke B S, Gertler M, Gilchrist S. 1998. The financial accelerator in a quantitative
　　business cycle framework. NBER Working Paper, No. 6455.

Chowdhury S H, Rahman M A. 2004. On the empirical relation between macroeconomic
　　volatility and stock market volatility of bangladesh. The Global Journal of Finance and
　　Economics, （1）: 209-225.

Ederington L H, Lee J H. 1993. How markets process information news releases and
　　volatility. Journal of Finance, 48（4）: 1161-1191.

Fama E F. 1990. Stock returns, expected returns, and real activity. Journal of Finance,
　　45（4）: 1089-1108.

Kearns J, Manners P. 2006. The impact of monetary policy on the exchange rate: a study using intraday data. Research Discussion Paper, Reserve Bank of Australia.

Kuttner K N. 2001. Monetary policy surprises and interest rates: evidence from the Fed Funds Futures Market. Journal of Monetary Economics, 47: 523-544.

Lee B. 1992. Causal relations among stock returns, interest rates, real activity, and inflation. The Journal of Finance, 47 (4): 1591-1603.

Muradoglu G, Taskin F, Bigan I. 2000. Causality between stock returns and macroeconomic variables in emerging markets. Russian & East European Finance and Trade, 36 (6): 33-53.

Reid M. 2009. The sensitivity of South African inflation expectations to surprises. South African Journal of Economics, 77 (3): 414-429.

Rosa C. 2014. The high-frequency response of energy prices to U.S. monetary policy: understanding the empirical evidence. Energy Economics, 45: 295-303.

Ross S. 1976. The arbitrage theory of capital asset pricing. Journal of Economic Theory, 13 (3): 341-360.

Xu X E, Chen T. 2012. The effect of monetary policy on real estate price growth in China. Pacific-Basin Finance Journal, 20 (1): 62-77.

第8章 货币政策与资产价格的"塔西佗陷阱"效应研究

8.1 引　　言

政策发布与股票市场逆向反应愈加明显。2015年6月,中国股市吸引了全球的关注,从3月的3 300点冲高至6月15日的5 178点,随后不到3周,7月初又跌至3 373点。中央银行降准降息双管齐下也未能制止市场的持续下跌,投资者对市场缺乏信心、缺乏信任。最终政府不得不采取直接入市等众多"非常规举措"才遏制了股市的急剧下跌,扭转了股市的反向而行。为何政府的积极态度得到了市场的消极响应?为何股票市场与政策的宣示反其道而行之?

股票市场与政策宣示反向动作的异象再一次提醒我们必须警惕"塔西佗陷阱"效应的发生。"塔西佗陷阱"源于古罗马历史学家塔西佗在谈论执政感受时的卓越见解[①],该现象是指当政府部门陷入公信力危机甚至失去公信力时,无论颁布利好的政策还是利坏的政策,都无法取得民众的信任。近年来,由于公共治理的不透明、权力对经济生活的介入、政府监管的不到位等,我国社会生活和经济领域中的"塔西佗陷阱"现象正在弥漫,如公众诚信体系故障、政策效率损失等。公众对政府的适度质疑是公众主体意识提高

---

① 古罗马历史学家塔西佗曾出任过古罗马执政官、保民官、营造官、财务官、行政长官和外省总督等。

的表现,将有利于规范政府监管等方面的规范设计与运行。但长此以往,监管不力、公信力下降不仅会导致整个社会道德滑坡与诚信危机,国家和企业的治理成本还将迅速上升(周望和孔新峰,2014)。尤其在"塔西佗陷阱"效应达到一定强度时,政府的常规力量将会无法发挥控制作用,前述中2015 年 6 月的中国股市就是最好的例证。因此,如何提升政府公信力,避免"塔西佗陷阱"效应的论题亟待研究。本章期望通过对股票市场"塔西佗陷阱"效应的探究,为提升政府的公信力,规避股票市场"塔西佗陷阱"效应提供实证支撑。

现有文献中尚未见到对"塔西佗陷阱"效应在股票市场存在性与特征的研究。相关的研究集中于"塔西佗陷阱"现象的根源——监管制度不力与政府公信力下滑的讨论,包括公众对监管制度的信任程度,社会舆论对相关行业股票价格的影响,以及针对社会呈现的"塔西佗陷阱"现象如何改善公共治理提升政府公信力(Pitchik and Schotter,1987;Roehm and Alice,2006;黄涛和颜涛,2009;Hilger,2012;王永钦等,2014;周望和孔新峰,2014)。上述研究表明,已发生的监管不力事件与公众对监管制度的不信任是近几年政府公信力大幅下滑的重要原因。2014 年 8 月《小康》杂志公布的中国信用小康指数调查研究结果显示,次贷危机后我国政府的信用指数正在逐步提高,但政府信用问题在 2014 年"最让人担忧的信用问题"排行榜中依然处于第一位。除通过社会调查评估政府公信力的状态之外,从经济运行、市场反应的层面看政府公信力情况如何,"塔西佗陷阱"现象在中国经济社会中是否已经真实存在,抑或已经潜伏于中国的各类市场之中,这些问题的明确将为从市场运行层面提升政府公信力提供重要依据。然而现有文献几乎没有对以上问题进行专门的讨论。本章拟基于"塔西佗陷阱"的定义以及现有文献的讨论,首先尝试对股票市场"塔西佗陷阱"效应进行界定,并对其产生的机理予以分析,随后基于产生的机理提出研究假设,进而分析"塔西佗陷阱"效应在中国股票市场上是否存在及其表现。

期望我们的研究结果能够对中央银行日后如何借助政策的公告效应实现对宏观经济的微调,建立政府的公信度,避免"塔西佗陷阱"效应提供实证支撑与科学依据。

8.2　研　究　设　计

8.2.1　理论与研究假定

1. 政府"塔西佗陷阱"效应的产生机理

"塔西佗陷阱"是指当政府部门陷入公信力危机甚至失去公信力时，其颁布的任何政策、实施的任何行动，都会被认为有利于政府不利于民众。冰冻三尺非一日之寒，"塔西佗陷阱"的根源在于公共治理、监管制度的不透明、不完善以及企业丑闻等一系列对政府公信力具有负面影响的长期积累，导致政府部门信誉度下滑甚至陷入公信力危机，最终表现为公众质疑政府的所有作为。如果政府透明度信誉度足够强、公信力足够好，"塔西佗陷阱"效应产生的概率将随之降低。政府信誉度的高低是决定"塔西佗陷阱"效应能否滋生的关键。

政府信誉的形成源于政府与公众决策行为的重复博弈过程[①]，这个过程由政府与公众之间的决策选择以及公众之间的决策影响共同构成。图 8-1 所示的政府与公众之间的决策选择部分，包括完全信息与不完全信息两种假定条件下的决策选择。在完全信息假定条件下，由于政府经济政策设计和制定的动态非一致性（Kydland and Prescott，1977），政府承诺的政策目标于公众而言可信度降低；在不完全信息假定条件下，政策制定者较公众更具信息优势，公众对未来经济形势的预期判断与决策行为不但依赖于政府过去的政策与实际选择导致自身的得益或受损，而且公众调整自身行为的信息成本也是影响其预期与行为动机的重要因素。在信息不对称的前提下，政府与公众的有限次重复博弈过程便成为政府信誉机制的形成过程。在股票市场不完

---

① 对政府与公众决策行为的相关研究源于 20 世纪 70 年代后期理性预期学派在货币政策操作研究中对博弈论的运用。此后，博弈论在货币政策操作与效果的相关研究中得到了长足的应用与发展（Kydland and Prescott，1977；Barro and Gordon，1983；Barro，1986；Acocella and Bartolomeo，2005；Acocella et al.，2009）。

善、信息功能缺失时，公众处于更加严重的弱势信息地位，无法对其投资图景做出有效的判断，加之公共事件、政府监管不力的外界影响[①]，政府公信度降低，导致政策效率降低。

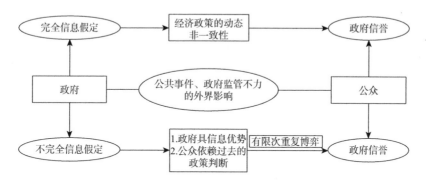

图 8-1　政府信誉的形成机理：政府与公众之间的决策选择

在政府与公众之间决策选择的基础上，公众之间的决策选择最终形成政府信誉并决定着"塔西佗陷阱"效应的产生与否。已有研究表明，在不完全信息下，公众的决策选择对其他公众的收益具有显著的外溢效应，即公众之间存在协调博弈（Anderson et al., 2001；Crawford, 1995）。协调博弈中，均衡的关键因素不仅包括公众对经济的信心与预期，还包括公众对政策的信任度。在经济政策宣布后，若公众对政策不信任或对经济预期与政策层不一致，最终选择不信任不行动的决策将会导致协调失败（Cooper and John, 1988；Cachon and Camerer, 1996），而公众预期很大程度上形成于公众之间口碑相传式的信息传递（徐亚平，2009）。尤其在我国股票市场中个人投资者依然是主流[②]，公众间的决策影响就更为显著。如图 8-2 所示，我们将公众对政府的信任程度分为信任、部分信任与不信任三类。完全不信任政府的公众在政府发布政策时自然会选择不行动，或逆向行动；完全信任政府的公众则会依据政策进行投资决策，选择行动。对政府部分信任的公众，我们依据其拥有信息的多少将作为交易者的公众划分为理性、预知内幕和完全不知情三类。对于完全不知情的公众（设为公众 2），其交易行为只能通

[①] Schelling（1980）的研究表明，除博弈方拥有信息量的大小以外，博弈方的社会、文化、习俗和博弈背景也是博弈达到均衡选择的关键因素。

[②] 《上海证券交易所统计年鉴（2014 卷）》显示，2013 年股票投资者开户总数为 9 253.4 万个，机构投资者为 43.3 万个，自然人投资者为 9 210.1 万个，占比 99.5%。

过观察理性与预知内幕两类公众（设为公众 1）的决策判断行为确定自己的投资决策，最终选择行动或不行动。当公众选择不信任，不行动的决策时，政府公信力受到威胁，致使经济政策濒临"塔西佗陷阱"，降低政策效率。

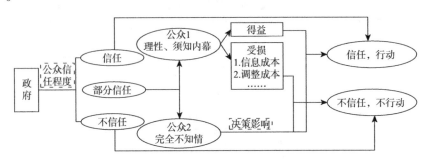

图 8-2　政府信誉的形成机理——公众间的决策影响

2. 股票市场"塔西佗陷阱"效应的形成机理

依据前述政府"塔西佗陷阱"效应的产生机理，我们对股票市场"塔西佗陷阱"效应的界定：当政府部门濒临公信力危机时，无论释放利好消息还是利坏消息，投资者常常（不是总是）选择逆向解读或视而不见，导致政策效果与预期相背离，在股价收益率上则呈现为与预期相悖的收益率大于与预期相符的收益率，最终导致政策效率的降低。作为典型市场化平台的股票市场，缘何会出现非市场化的"塔西佗陷阱"效应？究其形成机理，可以归纳总结为如下两方面。

1）机制设计本身的缺陷导致非市场化问题层出不穷

建立于市场经济初期的中国股票市场，机制设计本身的缺陷始终如影随形，不但体现在上市公司产权制度、治理结构等方面，而且在投资者结构、行政干预力度等方面也存在较多不合理。具体而言：①国有上市公司占比过大，自主经营独立性差。据《2013 年 A 股市值年度报告》统计，我国 A 股市场 2013 年民营企业市值年增幅（33.81%）远超国有企业（地方控股为 1.72%，央企为 8.98%），尽管二者市值差距大幅缩小，但国企市值仍占据 65.55%。②股票市场投资者结构不合理，缺乏保护中小投资者的制度。《上海证券交易所统计年鉴（2014 卷）》显示，2013 年股票投资者开户总数为 9 253.4 万个，机构投资者为 43.3 万个，自然人投资者为 9 210.1 万个，占比

99.5%，投资主体中机构投资者明显不足。中小投资者占比大，却又长期缺乏保护中小投资者的完善制度，投资者利益无法得到保护。2015 年《中华人民共和国证券法》的修订中已经单列了投资者保护章节，规定民事赔偿可推代表诉讼，但其效果如何需要拭目以待。③上市公司股票发行制度不完善，"一股独大"的股权结构问题严重。以创业板为例，新股发行过程中，环环相扣的行政垄断和行政审批等因素推使发行价格畸高。"一股独大"的股权结构又导致上市公司治理结构不合理、财富分配不合理，责权利不统一的创业板效率低下与家族暴富并存，处于弱势地位的投资者则成为全部风险的埋单者。④监管制度不完善，过度的行政干预又导致了监管的缺位。适度的行政干预将有利于股票市场的稳定和健康运行，但是一些官员对国有企业过度的庇护与干预不仅导致监督机制缺失或监管不到位，而且是引致权力寻租性腐败和管理效率缺失的关键因素（杨继生和阳建辉，2015）。一些官员对企业和市场的过度干预使本身冠有"政策市"特征（石建勋和刘灿香，2008；王明涛等，2012；董坤等，2012；余秋玲和朱宏泉，2014）的股票市场长期与实体经济背离，如国家的股改被当作国企解困以及上市圈钱的手段，投资者对政策层信心不足。

股票市场运行机制不健全、上市公司股权结构不合理、监管制度不完善、投资者利益保护制度不到位等机制本身的缺陷成为近年来股票市场众多非市场化问题暴露的重要诱因。例如，上市公司的寻租行为、圈钱行为、借壳上市、委托代理问题等，都会导致市场资源配置效率降低，甚至出现逆向配置，严重制约了我国股票市场的发展。在机制缺陷的影响下，国家的股改等代表社会整体利益的股市公共政策（"塔西佗陷阱"的显变量）与利用权力攫取利益的实际操作表现是相反的，而后者往往是市场的主导力量，长此以往，说的败于做的，直至以获取风险收益为唯一目标的投资者对治理者失去信任，形成"塔西佗陷阱"。

2）监管不到位、信息披露不完善造成股票市场公开信息的市场价值被严重扭曲

运行健康的股票市场是一个能够为股份公司融资实现生产规模经营，为投资者投资实现财富增值的公平的、透明的、有规则的投融资平台。但现有监管制度、信息披露制度使得股票市场投资者信息不对称、交易不公平等情况时有发生。股票市场违规坐庄、内部人交易、价格操纵等屡见不鲜。内部

人交易的主体也已经由上市公司内部人自身扩展到了上市公司内部人亲属以及一些与上市公司关系密切的政府官员及其亲属，他们之间形成由权力寻租、信息寻租促成的利益链条复杂的内幕交易，并最终获利（张俊生和曾亚敏，2011；曾庆生，2008）。

基于对中小投资者利益的保护以及对市场公平的维护，世界上大多数证券市场对内部交易人进行管制。但在各国的法律法规中，内部人基本界定为公司的董事、监事、高层管理者和大股东等，并不包括内部人亲属。由于内部人亲属和内部人的经济利益往往一致，内部人亲属交易已经成为内部人规避管制的重要方式。监管不到位、信息披露不完善，使得公开信息的市场价值被严重扭曲、投资机会不公平。处于信息弱势状态的投资者最重要的投资信心与信任受到威胁，促使股票市场产生"塔西佗陷阱"效应。

在我国，对内部人交易行为管制的法律法规主要有《中华人民共和国公司法》《中华人民共和国证券法》及 2007 年颁布的《上市公司董事、监事和高级管理人员所持本公司股份及其变动管理规则》。其中，《中华人民共和国证券法》禁止证券交易内幕信息的知情人和非法获取内幕信息的人利用内幕信息从事证券交易活动。但内部人的亲属并不受此约束。目前我国制约内部人亲属的只有《深圳证券交易所上市公司董事、监事和高级管理人员所持本公司股份及其变动管理业务指引》，但该指引并不禁止亲属买卖，只需2 日内公告即可。2015 年对《中华人民共和国证券法》的最新修订中也只是对证券从业人员及其配偶做出了规定——"证券从业人员买卖股票时，应事先申报本人及配偶证券账户，并在买卖证券完成后三日内申报买卖情况"。由于内部人亲属和内部人的经济利益往往一致，内部人亲属交易已经成为内部人交易规避管制的重要方式。

监管不到位、信息披露不完善，使公开信息的市场价值被严重扭曲、内部人交易普遍存在、投资机会严重不公平，处于信息弱势状态的一般投资者无法预知股市中还会有多少个"内部人"、还会发生多少次"内幕交易"，最终使股票市场陷入"塔西佗陷阱"。

3）研究假定

为获得对中国股票市场"塔西佗陷阱"效应的有效识别与检验，我们依据上文对股票市场"塔西佗陷阱"效应的界定与形成机理的分析，做出如下假定。

假定 8-1："塔西佗陷阱"效应使中国股票市场对货币政策的反应表现为与理论预期相悖的收益率大于与理论预期相符的收益率。

在"塔西佗陷阱"效应下,由于政府政策可信度降低,此时无论政府宣布利好消息还是利坏消息,公众均会逆向解读或视而不见。货币政策作为一种代表社会整体利益的股市公共政策,其每一次操作宣布,尤其在政策刚刚发布的短时间内,具有"政策市"特征的股票价格都会蕴含着大量的政策驱动信息。政策宣布短期内股票价格的变动最大限度上体现了投资者对政策的解读与反应,其解读方向与反应程度又是投资者对政策层信任程度的具体体现。若市场对政策调整的反应表现与经济理论相悖,则表明投资者对政府实施的调控政策表示怀疑甚至不信任。当中央银行实施宽松型货币政策,如宣布下调贷款基准利率或法定存款准备金率时,在"塔西佗陷阱"效应的作用下,股票价格将会表现为显著的不升反降,与预期相悖的负向收益率将会显著大于预期相符的正向收益率;相反,当中央银行实施紧缩型货币政策,如宣布上调贷款基准利率或法定存款准备金率时,在"塔西佗陷阱"效应的作用下,股票价格将会表现为显著的不降反升,与预期相悖的正向收益率将会显著大于预期相符的负向收益率。

值得一提的是,在考察股票市场对公共政策的反应过程中,政策工具的异质性不容忽视。以货币政策中的法定存款准备金率与存贷款基准利率为例,尽管二者同属货币政策,但因其本身的异质性及宣布执行程序的不同导致股票市场的反应各有迥异。具体而言,法定存款准备金率是通过影响存款类金融机构资金需求进而影响货币供应量的非价格政策工具,其调整变化引起的商业银行资金的变化不会直接影响股票市场,加上我国法定存款准备金率的调整宣布与最后的实施执行时间间隔较长,从理论上讲,股票价格对法定存款准备金率调整的反应不会太显著。相对法定存款准备金率而言,存贷款基准利率是典型的价格政策工具,可以从多种渠道影响股票市场,如通过对股票内在价值、投资者资金流向、上市公司经营成本及投资者的预期等影响股票价格的波动。从其宣布执行程序来看,我国存贷款基准利率的调整通常是宣布后次日执行,时间间隔短。因此,从理论上讲,股票市场对存贷款基准利率的反应应该更显著。

对此假定我们将通过样本区间内股票市场对政策不同时期不同转向的"预期相符收益率"与"预期相悖收益率"之比得以验证,若二者之比小于

1，则表明市场存在"塔西佗陷阱"效应，否则不存在，并同时考证政策工具异质性的作用。

假定 8-2：危机后市场的"塔西佗陷阱"效应较危机前更显著。

危机后市场对政策的反应不仅取决于政府在复苏经济、走出危机过程中的救助协调效果，在经济刚刚复苏时期，投资者对市场的信心和政策的信任依然还会处于犹豫判断的状态。即便在危机救助的过程中，政府救助政策的颁布及时有效地遏制了危机的恶化，监管措施力度也得到了明显的改善与加强，危机后公众对政府的信任度也需要缓慢恢复提升，政策效率依然不及危机前。此外，如果在危机救助的过程中，政府干预无效，如 Taylor（2009）的研究表明，美国政府对金融机构的误判，不仅弱化了其救助效果，在一定程度上还促使了危机的恶化。此种情况下，危机后市场对政策反应与理论预期相悖的显著性将会明显上升，对此假定我们将基于假定 8-1 的验证情况，通过比较危机前后市场对政策反应的程度与显著性得以验证。

8.2.2　研究方法样本选择

本章拟运用由广义人工神经网络与事件研究相结合的方法，从我国 2006~2015 年股票市场中上证综合指数、深证成份指数的收益率对中央银行法定存款准备金率和 1 年期贷款基准利率调整短期冲击的反应中检验我国股票市场的"塔西佗陷阱"效应。本节采用的事件分析方法是检测政策发布影响效果的有效方法之一。该方法可实现从股票价格对中央银行货币政策调整的短期宣告反应中实证检验股票市场的"塔西佗陷阱"效应，并同时考虑了中央银行货币政策传导的非线性特征。

1. 事件的定义与样本的选择

危机前后市场对调控手段的反应是检验"塔西佗陷阱"效应的有效时机。已有研究表明，在危机时期，政府为遏制金融危机恶化的紧急救市政策，与危机前相比，其效果更加明显（Mishkin，2009；Hong and Tang，2012；Abbassi and Linzert，2011；Lothian，2014）。这一时期，政策调控的效果——市场对政策的反应，除受危机本身、政策力度的影响外，更重要的是受公众对政府信任的程度、对未来预期的变化是走出危机还是经济回暖等因素的影响。政府的调控政策宣布后，若市场对政策调整的反应表现为逆向抑或与经济理论相悖，则表明公众对未来的预期悲观，对政府为此实施的调控政策表示怀疑甚至不信任。此种对政府信任度的降低甚至不信任恰是"塔西佗陷阱"效应产生的直接表现。因此，为了有效捕捉股票市场的"塔西佗陷阱"效应，基于前文假定 8-1 与假定 8-2，我们以次贷危机前后股票市场对货币政策的反应为观察对象，选择涵盖次贷危机前、中、后的样本区间内（2006 年 1 月 1 日至 2015 年 7 月 20 日）中国人民银行货币政策调整宣布（包括法定存款准备金率与 1 年期贷款基准利率的调整宣布）为事件。为了检验并对比次贷危机前、中、后股票市场"塔西佗陷阱"效应的变化情况，我们分别以中国人民银行应对次贷危机前对法定存款准备金率的最后一次上调（2008 年 6 月 7 日）和次贷危机后法定存款准备金率的第一次上调（2010 年 1 月 12 日）为分界点将整个样本区间划分为如表 8-1 所示的危机前、危机中与危机后三个区间[①]（表 8-1）。

表 8-1　2006~2015 年法定存款准备金率与 1 年期贷款基准利率调整事件分类

项目	法定存款准备金率		1 年期贷款基准利率	
	上调	下调	上调	下调
次贷危机前	18 次	—	8 次	—
次贷危机中	—	4 次	—	5 次
次贷危机后	12 次	8 次	5 次	6 次

注：样本区间内，中国人民银行共 42 次调整法定存款准备金率，24 次调整 1 年期贷款基准利率，二者同时调整 6 次。对于样本期内两类货币政策工具的这 6 次同时调整宣布，则是代表了法定存款准备金率与 1 年期贷款基准利率的综合效果，并非二者之一

图 8-3 初步展示了三类样本区间内货币政策调整宣布与股票市场在政策宣布后第一个交易日的收益率变化图，其中横轴为时间轴（2006 年 1 月 1 日至 2015 年 7 月 20 日），纵轴为股指收益率与政策变动率。图 8-3 表明，在次贷危机前，面对中央银行在 2006~2007 年 25 次收紧的货币政策操作，股票市场只有 6 次在政策宣布后的首个交易日表现为负向的收益率。在 2008 年 9 月至 2010

[①] 三阶段样本区间内货币政策调整事件分类如下：a.次贷危机前，法定存款准备金率上调（共 18 次）、1 年期贷款基准利率上调（共 8 次）；b.次贷危机中，法定存款准备金率下调（共 4 次）、1 年期贷款基准利率下调（共 5 次）；c.次贷危机后，法定存款准备金率上调（共 12 次）、1 年期贷款基准利率上调（共 5 次）、法定存款准备金率下调（共 8 次）、1 年期贷款基准利率下调（共 6 次）。

年 1 月，中央银行面对国际金融危机和国内宏观经济下行风险，采取了大幅下调基准利率和法定存款准备金率的快速应对措施，面对两类工具的 9 次下调（同时调整 4 次），股票市场只有两次表现为正向的收益率。危机过后，货币政策又表现为逐步收紧的趋势，在 2011 年 12 月 1 日之前，两类货币政策工具共上调 17 次，股票市场有 11 次表现为负向的收益，之后的 13 次下调中，股票市场共 3 次表现为正向收益率。初步的分析表明，在次贷危机前与应对次贷危机的样本区间内，股票市场对货币政策调整的表现与传统经济理论相悖的情况分别占 76%与 78%，而在危机后，相悖于传统经济理论的比例下降到了 36%。以上只是依据不同的货币政策转向宣布与股票市场波动情况进行的浅层分析，股票市场"塔西佗陷阱"效应的存在性以及中央银行货币政策的不同转向所导致的股票市场大幅波动的方向与显著程度等市场异象见下文的深入分析。

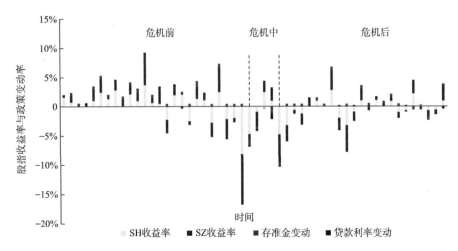

图 8-3　　2006~2015 年货币政策调整宣布与股票市场表现

危机前：2006-01-01~2008-06-07；危机中：2008-06-08~2010-01-11；危机后：2010-01-12~2015-07-20

2. 窗口的定义

自 2006 年以来，我国中央银行频繁调整货币政策，且准备金率政策与存贷款利率政策工具交替使用，两种政策工具除同时操作情况外，非同时操作中最短的时间间隔仅有 2 天。在此政策调整频率背景下，对股票市场的冲击效应难免重叠。为尽可能最大限度地掌握货币政策事件对股票价格的影响，事件窗口的设计需要尽可能地减少邻近货币政策调整的重叠干扰，窗口长度不宜过长也不宜过短，过于短暂的估计窗口容易降低预期模式的预测能力，而过长时间跨度的数据结构可能会发生结构性改变。依据中央银行货币政策调整各次宣布的时点,本章选取的事件窗口长度为 5 天①,货币政策调整宣布后第一个交易日居中。考虑到事件窗口中已包含一定的事件后时段,因而模型中不设置事后窗口。已有文献表明,在以日数据建立预期估计模式时,估计窗口一般设定为 100~300 日,而基于周数据和月数据建立预期估计模式时,估计窗口则分别设定为 50~120 周、24~60 个月。本章的估计窗口设定为货币政策宣告事件窗口前 200 个交易日。

3. 估计窗口的选择及事件窗口期望收益率的预测

如上文所述,我们以两类股票价格指数的收益率在货币政策宣告事件窗口前 200 个交易日为窗口估计事件窗口内股票价格的期望收益率。在假设中央银行没有进行货币政策调整宣布条件下,股票在第 t 个交易日的收益率值 y_t 将延续相近交易日的收益率水平,因此可选取 y_t 滞后项作为输入变量,采用 GRNN(general regression neural network,广义回归神经网络)模型对中央银行货币政策调整事件窗口内股票价格收益率进行预测。为确定输入变量的滞后阶数,我们先选取 7 阶②滞后项为输入变量,对上证综合指数、深证成份指数收益率分别在各次货币政策调整事件窗口的收益率进行预测。

4. 超额收益的计算及其显著性估计

基于广义回归神经网络对事件窗口期望收益率的预测结果,用实际收益率减去期望收益率获得政策调整事件窗口内的超额收益率。此外,为获得对政策工具异质性的比较,我们分别计算了两类货币政策工具不同调整方向的平均累积超额收益率,并对其进行显著性检验。

5. "塔西佗陷阱"效应的识别与估计

在所考察的事件窗口内,以"与预期相符合的收益率/与预期相背离的收益率"的值作为"塔西佗陷阱"效应的识别及其严重程度估计的代理变

---

①事件窗口的长度因研究目的而异,当考察某事件发生对股票价格的冲击影响时,通常的事件窗口仅设为事件当日及前后两日(沈中华和李建然,2000)。

②滞后阶数的确定综合考虑了滞后项的方差贡献度以及多次试验的实际效果。

量。若其值小于 1，说明政策的调整所导致的与预期相背离的股票价格收益率大于与预期相符合的收益率，即存在"塔西佗陷阱"效应，比值的大小体现了不同阶段的"塔西佗陷阱"效应的程度。

8.3　计　量　分　析

8.3.1　中国股票市场"塔西佗陷阱"效应的实证检验

（1）中国股票市场对 1 年期贷款基准利率政策反应的"塔西佗陷阱"效应。

为直观地表明我们的实证结果，依据计算所得的股票价格指数"与预期相符合的收益率/与预期相背离的收益率"的值绘制图 8-4（股票市场对 1 年期贷款基准利率政策调整的"塔西佗陷阱"效应表现）。

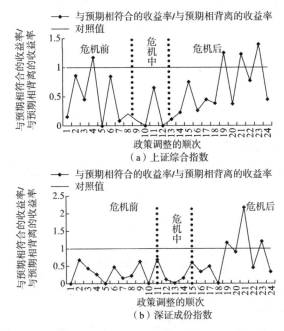

图 8-4　股票市场对 1 年期贷款基准利率政策调整的"塔西佗陷阱"效应表现

如图 8-4 所示，横轴表示样本期内贷款基准利率的 24 次调整，纵轴代表股票价格指数"与预期相符合的收益率/与预期相背离的收益率"的值。在样本期内 1 年期贷款基准利率的 24 次调整中，事件窗口内两类股票价格指数"与预期相符合的收益率/与预期相背离的收益率"的值分别只有 4 次和 3 次大于 1，且分别发生在危机前与危机后。剩余的调整均导致了与预期相背离的股票价格收益率大于与预期相符合的收益率，即表明股票市场存在"塔西佗陷阱"效应。对于两类指数同时与预期相背离的股票价格收益率小于与预期相符合的收益率的情况，我们分别回顾政策宣布的当天，2012 年 6 月 7 日的降息是危机后中国人民银行时隔 3 年半后首次宽松降息，可谓"久旱逢甘霖"，因而此利好消息使沪深两市获得了较大的与预期相符的超额收益率。2014 年 11 月 21 日，中国人民银行时隔 2 年意外宣布不对称降低存贷款利率，即贷款降低得多——0.4 个百分点，存款降低得少——0.25 个百分点。因此，对市场而言依然为利好消息。

（2）中国股票市场对法定存款准备金率政策反应的"塔西佗陷阱"效应。

同前述 1 年期贷款基准利率政策调整类似，我们依据样本期内法定存款准备金率调整事件窗口内上证综合指数和深证成份指数"与预期相符合的收益率/与预期相背离的收益率"的值绘制图 8-5（股票市场对法定存款准备金率调整的"塔西佗陷阱"效应表现）。

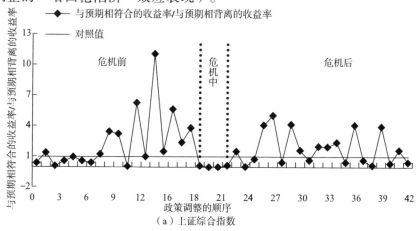

（a）上证综合指数

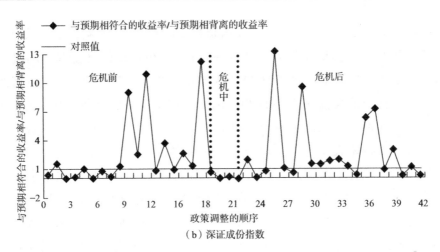

图 8-5　股票市场对法定存款准备金率调整的"塔西佗陷阱"效应表现[①]

如图 8-5 所示，横轴表示样本期内法定存款准备金率的 37 次调整，纵轴代表股票价格指数"与预期相符合的收益率/与预期相背离的收益率"的值。不难发现，面对法定存款准备金率在次贷危机前后的 37 次调整，沪深两市的"与预期相符合的收益率/与预期相背离的收益率"的值分别有 19 次和 17 次表现为小于 1，其余均大于 1，且呈现为多倍大于 1。与前述 1 年期贷款基准利率相比，无论从与预期相背离的股票价格收益率大于与预期相符合的收益率的次数还是从其程度来看，其"塔西佗陷阱"效应大大降低。此结果一方面源于法定存款准备金率政策本身主要影响的是存款类金融机构的资金需求而非价格政策，另一方面源于其宣告到执行有较长时间间隔，市场消化吸收速度较慢。

此结果只能初步表明在中国股票市场中存在"塔西佗陷阱"效应，且在 1 年期贷款基准利率调整时表现得更严重。但平均而言，1 年期贷款基准利率与法定存款准备金率的上调或下调效果如何？政策不同转向之间以及不同时期之间的"塔西佗陷阱"效应差异如何？我们将分别分析不同货币政策工具、同一货币政策的不同调整方向对股票价格的冲击，并同时考虑政策宣布时的经济时期。

---

① 限于篇幅，为在图中完全展示各次政策调整对股票收益率的影响，并不改变其大于 1 的比值，我们分别对上证综合指数的第 12 次、16 次、34 次，深证成份指数的第 8 次、12 次、14 次、24 次的比值进行了 10 倍的缩小。

8.3.2 不同时期"塔西佗陷阱"效应的识别与差异比较

在我们的样本区间 2006 年 1 月 1 日至 2015 年 7 月 20 日内中央银行对法定存款准备金率与 1 年期贷款基准利率共调整 66 次。尽管我们在估计无政策事件宣布条件下的预期收益率时借助连续滚动式的窗口对每次政策事件宣布前 200 个交易日的股票价格收益率进行估计,但由于政策宣布频率高、时间较为集中,对不同货币政策工具每次调整宣布的股票价格效应的把握依然会受到样本区间内各次政策宣布之间的长期交互影响。为此,本章不仅针对两类货币政策工具的调整宣布,还综合考虑了两类货币政策的调整方向对股票价格收益率的影响,旨在从整体上把握不同货币政策工具对股票价格的影响,具体做法是以次贷危机为分界点,通过考察危机前、危机中和危机后上证综合指数、深证成份指数在法定存款准备金率上调与下调、1 年期贷款基准利率的上调与下调时其平均异常收益率中"与预期相符合的收益率/与预期相背离的收益率"的值。

（1）不同时期 1 年期贷款基准利率调整时股票市场"塔西佗陷阱"效应的识别与差异比较。

我们通过计算危机前、危机中和危机后上证综合指数、深证成份指数在 1 年期贷款基准利率调整事件窗口内的平均异常收益率中"与预期相符合的收益率/与预期相背离的收益率"的值绘制图 8-6,并同时考虑了政策的不同转向。横轴表示样本期内贷款基准利率政策调整的不同转向,纵轴代表股票价格平均异常收益率中"与预期相符合的收益率/与预期相背离的收益率"的值。

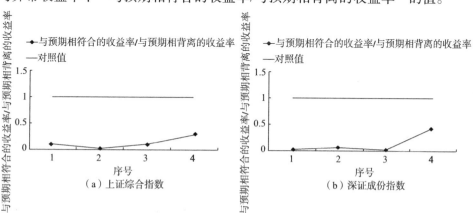

图 8-6 不同时期股票市场对 1 年期贷款基准利率调整的"塔西佗陷阱"效应表现

"1"表示次贷危机前的政策上调；"2"表示次贷危机期间的政策下调；

"3"表示次贷危机后的政策上调；"4"表示次贷危机后的政策下调

　　观察图 8-6，我们会发现如下三点：第一，平均而言，我们样本期内的 1 年期贷款基准利率的调整导致的两类股票综合指数的"与预期相符合的收益率/与预期相背离的收益率"的值均小于 1，此结果表明与预期相背离的收益率均大于与预期相符合的收益率，即平均而言，股票市场对 1 年期贷款基准利率的调整存在"塔西佗陷阱"效应。第二，不同时期"与预期相符合的收益率/与预期相背离的收益率"值的大小表现为：危机中政策下调<危机后政策上调<危机前政策上调<危机后政策下调，此结果表明，除特殊时期——次贷危机时期"塔西佗陷阱"效应的程度最严重外，相对危机前的政策上调，危机后的"塔西佗陷阱"效应更严重。第三，不同政策转向时"与预期相符合的收益率/与预期相背离的收益率"值的大小表现为：政策上调时，危机后<危机前，政策下调时，危机中<危机后，且政策上调时的比值<政策下调时的比值。此结果表明，我们的样本期内，紧缩型的货币政策导致的"塔西佗陷阱"效应更严重。

　　（2）不同时期法定存款准备金率调整时股票市场"塔西佗陷阱"效应的识别与差异比较。

　　我们通过计算危机前、危机中和危机后上证综合指数、深证成份指数在法定存款准备金率调整事件窗口内的平均异常收益率中"与预期相符合的收益率/与预期相背离的收益率"的值绘制图 8-7，并同时考虑了政策的不同转向。横轴表示样本期内法定存款准备金率政策调整的类型，纵轴代表股票价格平均异常收益率中"与预期相符合的收益率/与预期相背离的收益率"的值。

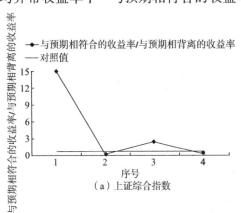
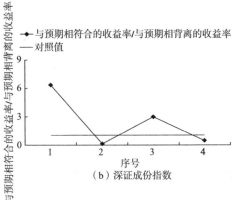

图 8-7　不同时期股票市场对法定存款准备金率调整的"塔西佗陷阱"效应表现
"1"表示次贷危机前的政策上调；"2"表示次贷危机期间的政策下调；
"3"表示次贷危机后的政策上调；"4"表示次贷危机后的政策下调

观察图 8-7，我们发现：第一，平均而言，应对危机时法定存款准备金率的下调导致的上证综合指数的"与预期相符合的收益率/与预期相背离的收益率"的值均小于 1，危机后的下调导致的比值上证综合指数略小于 1，深证成份指数略大于 1；而上调导致的比值大于 1。此结果表明政策下调时，与预期相背离的收益率均大于与预期相符合的收益率，即平均而言，股票市场对法定存款准备金率的下调存在或逼近"塔西佗陷阱"效应。第二，不同时期"与预期相符合的收益率/与预期相背离的收益率"值的大小表现为：危机中<危机后<危机前，此结果表明，除特殊时期——次贷危机时期表现出"塔西佗陷阱"效应，且其程度最严重外，相对危机前，危机后政策的效率损失较严重。第三，不同政策转向时"与预期相符合的收益率/与预期相背离的收益率"值的大小表现为：政策上调时，危机后<危机前；政策下调时，危机中<危机后。

8.3.3　不同时期不同政策工具调整时股票市场"塔西佗陷阱"效应比较

（1）不同时期 1 年期贷款基准利率调整时股票市场"塔西佗陷阱"效应的显著性比较。

我们基于 1 年期贷款基准利率调整时两类股票价格综合指数累积异常收益率及其对应的 t 统计量显著性的变化，分别对危机前、危机中和危机后股票市场"塔西佗陷阱"效应的显著性进行比较。1 年期贷款基准利率调整对股票价格冲击的平均累积异常值检验结果表明，危机后，1 年期存款准备金率上调对两类股票价格指数均有显著影响，但政策的平均效果方向与经济理论不相符。在利率提高后，股票价格指数不降反涨，两类股票价格指数的平均累积异常收益率在政策宣布后表现为持续增加。对比危机前的政策上调，可以发现两类股票价格指数的平均累积异常收益率的变化方向与危机后一致，但政策的影响不再显著。此结论表明，危机后 1 年期贷款基准利率上调时，股票市场"塔西佗陷阱"效应表现显著，且危机后的"塔西佗陷阱"效应更严重。此结论与前述识别"塔西佗陷阱"效应的发现相一致。1 年期贷款基准利率下调对股票价格冲击的平均累积异常值检验结果表明，应对危机时基准利率政策的下调宣告对股票市场有显著性影响，但利率的下调并未导致两类代表性股票价格指数的上涨。危机后利率的下调同样导致了股票价格指数的负向累积异常收益率，由此可见，1年期贷款基准利率的下调同样导致了股票市场"塔西佗陷阱"效应，但应对危机时的效应更显著。

（2）不同时期法定存款准备金率调整时股票市场"塔西佗陷阱"效应的显著性比较。

我们基于法定存款准备金率调整时两类股票价格综合指数累积异常收益率及其显著性的变化，分别对危机前、危机中和危机后股票市场"塔西佗陷阱"效应的显著性进行比较。样本期内上证综合指数、深证成份指数在事件窗口内对中央银行法定存款准备金率上调冲击的平均累积收益率异常值及其显著性检验表明，在10%的显著性水平下，政策宣告前后的两个交易日内，两类股票市场综合指数的平均累积收益率异常值均表现为负向不显著。此结论表明，法定存款准备金率上调并未导致股票市场的"塔西佗陷阱"效应。法定存款准备金率应对次贷危机的四次下调对两类股票价格指数均表现出显著的负向平均冲击，危机后的下调对股票价格指数的影响不显著。由此可见，与1年期贷款基准利率相似的是，法定存款准备金率下调的股票市场"塔西佗陷阱"效应在应对危机时更显著。但相对1年期贷款基准利率的调整，法定存款准备金率的调整的"塔西佗陷阱"效应较弱。此结果与法定存款准备金率本身是影响存款类金融机构资金需求的数量型政策而非价格型政策以及其宣告到执行有较长的时间间隔有关。

综上结果不难看出：①中国股票市场中存在"塔西佗陷阱"效应，相对法定存款准备金率的调整而言，无论从与预期相背离的股票价格收益率大于与预期相符合的收益率的次数，还是从其程度和统计显著性来看，1年期贷款基准利率调整时的"塔西佗陷阱"效应表现更严重。②不同时期"塔西佗陷阱"效应的程度不同，具体表现为：除特殊时期——次贷危机时期"塔西佗陷阱"效应的程度最严重外，相对危机前，危机后的"塔西佗陷阱"效应更严重。③不同政策转向的"塔西佗陷阱"效应的程度和显著性也不同，具体表现为：政策上调时，危机后的"塔西佗陷阱"效应较危机前更严重，且在统计上表现为显著；政策下调时，危机时期的"塔西佗陷阱"效应较危机后更严重。

8.4 结论与政策启示

本章借助人工神经网络与事件研究结合的方法，以涵盖次贷危机前、中、后的样本区间内中国人民银行货币政策调整与上证综合指数、深证成份指数收益率为研究对象，从股票市场对中国人民银行存款准备金率和 1 年期贷款基准利率调整短期冲击的反应中证实了我国股票市场的"塔西佗陷阱"效应的存在，并对不同时期、不同工具、不同政策转向的股票市场"塔西佗陷阱"效应进行了识别、比较与分析，发现了它与货币政策响应的变动规律。

8.4.1 主要研究结论

（1）中国股票市场中存在"塔西佗陷阱"效应。

我们以事件窗口内"与预期相符合的收益率/与预期相背离的收益率"的值是否小于 1 作为识别"塔西佗陷阱"效应是否存在的代理变量。分析表明，中国股票市场存在"塔西佗陷阱"效应，且相对法定存款准备金率的调整而言，无论从两类收益率比值小于 1 的次数还是从其大小程度和统计显著性来看，股票市场在 1 年期贷款基准利率调整时的"塔西佗陷阱"效应表现更严重。这种显著的宣告效应从侧面印证了中央银行"公告操作"的可行性与实施的意义所在。但是"塔西佗陷阱"效应的存在折射出股票市场的信心不足、信任缺失。

（2）不同时期"塔西佗陷阱"效应的程度不同。

我们通过考察危机前、危机中和危机后上证综合指数、深证成份指数在法定存款准备金率上调与下调、1 年期贷款基准利率的上调与下调时其平均异常收益率中"与预期相符合的收益率/与预期相背离的收益率"的值比较了不同时期"塔西佗陷阱"效应的差异，最后表明，除特殊时期——次贷危机时期"塔西佗陷阱"效应的程度最严重外，相对危机前，危机后的"塔西佗陷阱"效应表现得更严重。

（3）不同政策转向的"塔西佗陷阱"效应的程度和显著性也不同。

我们的研究表明，1 年期贷款基准利率上调时，危机后的"塔西佗陷阱"效应较危机前更严重，且在统计上表现为显著。1 年期贷款基准利率下调时，危机时期的"塔西佗陷阱"效应较危机后更严重，且政策上调时的"塔西佗陷阱"效应的程度和显著性较政策下调时更强。与此相对的是，法定存款准备金率上调和危机后的下调均未导致股票市场的"塔西佗陷阱"效应，其应对次贷危机的下调表现出显著的"塔西佗陷阱"效应。

8.4.2　政策启示

市场异常的、逆向的、显著的"塔西佗陷阱"效应的存在意味着公众对政策的质疑与逆向解读，政策效率低下、政府的公信力下滑。公众对政府的适度质疑于政府监管的规范化与公正化是大有裨益的，然而一旦质疑恶化为不信任，那么整个社会就会面临诚信危机，陷入"塔西佗陷阱"，最终带来的政府监管失效、管理成本增加等后果将不堪设想。因而政府未来的政策调整需在提升公众公信力以逐渐减少"塔西佗陷阱"效应负面影响的同时，根据"塔西佗陷阱"效应的规律灵活运用货币政策工具。

由于我国的股票市场仍然以个人投资者为主流，相对机构投资者，其深入分析股票波动、判断未来宏观经济走势的能力都非常有限，更多的是根据自己的直觉或随市场大流进行的非理性交易。机制设计本身的缺陷加上监管不到位、内部人交易，公众对政府应对突发事件策略的质疑、指责等外界的负面影响，将导致大批的个人投资者预期与投资策略选择的起伏不定，对于政府发布的政策，公众都会认为其最终受益人是政府，而非个人。因而公众在投资策略上选择不行动或逆向行动，最终导致政策效率损失。为改善经济政策在金融市场的传导效率，促进宏观经济稳定，稳定市场参与者的预期，避免政府公信力陷入"塔西佗陷阱"，政策制定部门应逐步增强经济政策的透明度和规则性。为改善一般投资者信息弱势的状态，改善股票市场信息不对称、不公平，监管部门应建立由中国证监会、律师事务所、会计师事务所、投资机构及个人投资者，以及媒体和社会等力量共同组成的多方位的监管体系，执行严格的披露制度，防止特殊投资者的内部交易。

此外，在建立政府公信力方面，公信力下滑已经引起我国相关部门重视，也采取了一些相关举措。例如，国务院办公厅 2008 年 5 月 1 日实施的

《政府信息公开条例》，首次从法律上对政府信息公开作了明确规定，使行政机关的职责权限、办事程序、办事结果、监督方式等信息面向人民群众公开化，并于 2013 年颁行《国务院办公厅关于进一步加强政府信息公开回应社会关切提升政府公信力的意见》，旨在增强政府信息公开实效，提升政府公信力。然而这些条例与措施的执行效果并不尽如人意，由中国社会科学院发布的《2012 中国法治蓝皮书》与《2013 年度政府信息公开工作调研报告》显示，政府信息公开工作尚未达到条例要求，未能满足公众获取信息的要求，如省级政府透明度七成不及格、公众获取信息受阻、政府信息公开年度报告拖沓、地方政府年度报告公开范围不统一及理解有偏等。因此，政府需要进一步通过完善工作的阳光公开与统一规范等机制，加强政府社会管理和公共服务等职能的一系列改善性措施，规范市场规则，保护投资者利益，提高政策操作效率，建立政府在股票市场中的公信力。

8.5 本 章 小 结

股票市场"塔西佗陷阱"效应是指政府部门公信力的下滑，导致无论释放利好消息还是利坏消息，投资者都会逆向解读或视而不见，最终表现为政策效率的损失。本章首先梳理和研究了中国股票市场"塔西佗陷阱"效应的发生机理，在此基础上，以 2006 年 1 月至 2015 年 6 月中国股票市场交易数据与中央银行货币政策调整变化为考察样本，运用事件分析方法，证实了中国股票市场"塔西佗陷阱"效应的真实存在，并发现了它与货币政策调整之间的变动规律。结果表明，中国股票市场存在"塔西佗陷阱"效应，且 1 年期贷款基准利率调整时表现的"塔西佗陷阱"效应较法定存款准备金率调整时更严重。不同时期"塔西佗陷阱"效应的程度不同，危机后的市场"塔西佗陷阱"效应更严重。不同政策转向的"塔西佗陷阱"效应的程度和显著性也不同，政策上调时，危机后的"塔西佗陷阱"效应较危机前更显著、更严重，政策下调时，危机时期的"塔西佗陷阱"效应较危机后更严重。为改善经济政策在金融市场的传导效率，促进宏观经济稳定，稳定市场参与者的预期，避免政府公信力陷入"塔西佗陷阱"，政策制定部门应逐步增强经济政策的透明度和规则性，并逐步建立多方位的监管体系，执行严格的披露制度，防止特殊投资者的内部交易。

参 考 文 献

卞志村，张义. 2012. 央行信息披露、实际干预与通胀预期管理. 经济研究，（12）：15-28.

董坤，谢海滨，汪寿阳. 2012. 中国股票市场的石油效应之谜. 管理科学学报，15（11）：45-53.

胡金焱. 2002. 政策效应、政策效率与政策市的实证分析. 经济理论与经济管理，（8）：49-53.

黄涛，颜涛. 2009. 医疗信任商品的信号博弈分析. 经济研究，（8）：125-134.

沈中华，李建然. 2000. 事件研究法. 台北：华泰文化事业公司.

石建勋，刘灿香. 2008. 政策市的成因及全流通时代的政策取向. 中国金融，（15）：37-39.

宋福铁，吴晔. 2010. 政府行为对中国股市影响的实证研究. 华东理工大学学报（社会科学版），25（1）：37-45.

万解秋，徐涛. 2001. 货币供给的内生性与货币政策的效率——兼评我国当前货币政策的有效性. 经济研究，（3）：40-45，50-94.

王春峰，李双成，康莉. 2003. 中国股市的过度反应与"政策市"现象实证研究. 西北农林科技大学学报（社会科学版），3（4）：20-24.

王明涛，路磊，宋锴. 2012. 政策因素对股票市场波动的非对称性影响. 管理科学学报，15（12）：40-57.

王永钦，刘思远，杜巨澜. 2014. 信任品市场的竞争效应与传染效应：理论和基于中国食品行业的事件研究. 经济研究，（2）：141-154.

徐亚平. 2009. 公众学习、预期引导与货币政策的有效性. 金融研究，（1）：50-65.

杨继生，阳建辉. 2015. 行政垄断、政治庇佑与国有企业的超额成本. 经济研究，（4）：50-61.

余秋玲，朱宏泉. 2014. 宏观经济信息与股价联动——基于中国市场的实证分析. 管理科学学报，17（3）：15-26.

曾庆生. 2008. 公司内部人具有交易时机的选择能力吗？——来自中国上市公司内部人卖出股票的证据. 金融研究，（10）：117-135.

张俊生，曾亚敏. 2011. 上市公司内部人亲属股票交易行为研究. 金融研究，（3）：121-133.

周望，孔新峰. 2014. 深耕"政无信不立"，避免"塔西佗陷阱". 光明日报，第 6 版.

Abbassi P, Linzert T. 2011. The effectiveness of monetary policy in steering money market rates during the financial crisis. Journal of Macroeconomics, 34（4）: 945-954.

Acocella N, Bartolomeo G. 2004. Non-neutrality of monetary policy in policy games. European Journal of Political Economy, 20（3）: 695-707.

Acocella N, Bartolomeo G. 2005. Tinbergen and Theil Meet Nash: controllability in policy games. Economics Letters, 90（2）: 213-218.

Acocella N, Bartolomeo G, Piacquadio P G. 2009. Conflict of interests,（implicit）coalitions and Nash policy games. Economics Letters, 105（3）: 303-305.

Anderson S P, Goeree J K, Holt C A. 2001. Minimum effort coordination games: stochastic potential and logit equilibrium. Games and Economic Behavior, 34（2）: 177-199.

Barro R J. 1986. Reputation in a model of monetary policy with incomplete information. NBER Working Paper, No. 1794.

Barro R J, Gordon D B. 1983. Rules, discretion and reputation in a model of monetary policy. Journal of Monetary Economics, 12（1）: 101-121.

Bartolomeo G D G, Pauwels W. 2006. The issue of instability in a simple policy game between the central bank and a representative union. Public Choice, 126（3/4）: 275-296.

Cachon G, Camerer C. 1996. Loss-avoidance and forward induction in experimental coordination games. Quarterly Journal of Economics, 111（1）: 165-194.

Campbell J Y, Lo A W, MacKinlay A G. 1997. The Econometrics of Financial Markets. Princeton: Princeton University Press.

Cooper R, John A. 1988. Coordinating coordination failures in Keynesian models. Quarterly Journal of Economics, 103（3）: 441-463.

Crawford V P. 1995. Adaptive dynamics in coordination games. Econometrica, 63（1）: 103-143.

Hilger N G. 2012. Why don't people trust experts? Working Paper, Harvard University.

Hong K, Tang H C. 2012. Crises in Asia: recovery and policy responses. Journal of Asian Economics, 23（6）: 654-668.

Hutchison M, Noy I, Wang L. 2010. Fiscal and monetary policies and the cost of sudden stops. Journal of International Money and Finance, 29（6）：973-987.

Krugman P. 2008-11-14. Depression economics returns. New York Times.

Kydland F E, Prescott E C. 1977. Rules rather than discretion: the inconsistency of optimal plans. The Journal of Political Economy, 85（3）：473-491.

Lothian J R. 2014. Monetary policy and the twin crises. Journal of International Money and Finance, 49（3）：197-210.

Mishkin F S. 2009. Is monetary policy effective during financial crises? The American Economic Review, 99（2）：573-577.

Morris S, Shin H S. 2002. Social value of public information. American Economic Review, 92（5）：1522-1534.

Pitchik C, Schotter A. 1987. Honesty in a model of strategic information transmission. American Economic Review, 77（5）：1032-1036.

Powell M J D. 1985. Radial basis functions for multi-variable interpolation: a review// Mason J C, Cox M G. Algorithms for Approximation. New York: Clarendon Press: 287-302.

Roehm M L, Alice M T. 2006. When will a brand scandal spill over, and how should competitors respond? Journal of Marketing Research, 43（3）：366-373.

Schelling T C. 1980. The Strategy of Conflict. Cambridge: Harvard University Press.

Specht D F. 1991. A general regression neural network. IEEE Transactions on Neural Networks, 2（6）：568-576.

Svensson L E. 2003. What is wrong with Taylor rules? Using judgment in monetary policy through targeting rules. Journal of Economic Literature, 41（2）：426-477.

Taylor J B. 2009. The financial crisis and the policy responses: an empirical analysis of what went wrong. NBER Working Paper, No. 14631.

Taylor J B. 2011. An empirical analysis of the revival of fiscal activism in the 2000. Journal of Economic Literature, 49（3）：686-702.

Ullrich K. 2008. Inflation expectations of experts and ECB communication. North American Journal of Economics and Finance, 19（1）：93-108.

Wolinsky A. 1993. Competition in a market for informed experts' services. Rand Journal of Economic, 24（3）：380-398.

第9章 研究结论、政策建议及讨论

9.1 研究结论与政策建议

9.1.1 研究结论

本书以我国货币政策调整、资产价格波动与宏观经济运行作为研究对象，基于货币政策、资产价格与宏观经济运行的关联机理以及对我国货币政策演变的梳理，以不同频率的多层次资产价格数据为样本，运用推广的广义自回归条件异方差模型、改进的事件研究方法、结构向量自回归方法等计量工具，分别从货币政策调整、资产价格波动与宏观经济运行的短期关联研究，宏观经济预期、货币政策与资产价格的关联研究，金融信贷视角下货币政策调整、资产价格波动与宏观经济运行，货币政策与资产价格的波动溢出效应以及中国股票市场的"塔西佗效应"五方面展开了货币政策与资产价格关联互动的研究讨论，主要结论如下。

第一，货币政策、资产价格与宏观经济的短期联动研究。通过对货币政策调整中可预见部分和未可预见部分的区分，对由货币政策的意外调整及宏观经济信息的发布而引起的国内三类金融市场波动进行了系统性分析。同时，在研究方法上，除区分货币政策可预见与未可预见部分的方法外，基于T-GARCH 模型的基准形式，将 CPI、工业增加值和社会消费品零售总额三类宏观经济政策变量纳入 T-GARCH 模型中，构建了推广型 T-GARCH 模型。研究表明：①未预见的货币政策调整对利率市场、汇率市场和股票市场波动的影响均具有非对称性特点，紧缩性货币政策信息对市场的冲击大于扩张性货币政策信息，即紧缩性货币政策能够有效地抑制经济过热，而扩张性货币政策对经济衰退的制止效果不明显。②利率市场和汇率对未预见到货币政策调整的反应具有显著的及时性特点，而股票市场相对较弱。③从市场层面看，货币政策的意外调整与利率市场的关联关系最强，与股票市场的关联关系较利率市场而言更为微弱；宏观经济变量与利率市场、股票市场的关联关系较汇率市场更为显著。④从关联关系的变动方向看，在短期层面，代表货币政策变量的法定存款准备金率与股票价格表现为正向关联，而代表生产和消费的宏观经济变量与股票价格表现为负向关联。

第二，通过纳入货币政策变量与三类代表宏观经济运行变动因子构建改进的 C-GARCH 模型，以沪深 300 指数以及沪深两市 20 只股票行业指数为研究对象，在分别考虑宏观经济预期、政策异质性与行业差异的条件下，计量分析了股票价格波动性与货币政策调整以及宏观经济运行的关联关系。分析发现：①在宏观经济预见与未预见条件下，经济政策对股票市场均存在非对称影响，但在未预期条件下贷款基准利率引致的非对称影响较预期条件下更强，具体到法定存款准备金率与 1 年期贷款基准利率两类货币政策工具，以及代表物价、生产和消费的三类宏观经济指标对股票市场的冲击效果，发现在预期情况下，两类货币政策工具和三类宏观经济指标对股票价格均未产生显著影响，而在未预期情况下，法定存款准备金率调整、工业增加值和社会消费品零售总额的信息对股票市场产生了显著的长期冲击。暂时分量方程与长期分量方程表现不同的是，在宏观经济预期条件下，依然表现出显著的货币政策效果，但相对未预期时的显著性明显降低。②从政策信息的不同层面来看，样本区间内代表两类货币政策工具以及物价、生产和消费的三类宏观经济运行指标中，在长期与短期层面，从关联关系的显著程度看，法定存款准备金率、工业增加值与股票价格波动的关联关系最强，社会消费品零售总额次之，CPI 与贷款基准利率最弱；从关联关系的变动方向看，在长期层面，法定存款准备金率与股票价格呈显著的负向关联，社会消费品零售总额、工业增加值均与股票价格呈显著的正向关联；在短期层面，代表货币政策变量的法定存款准备金率与股票价格转为正向关联，而代表生产和消费的宏观经济变量与股票价格转为负向关联。③与货币政策变量关联较大的行业主要分布在消费、能源和金融行业，且在统计上短期关联性表现得更显著。

与宏观经济变量关联较大的行业主要分布在能源、材料、消费、医药、金融、公用行业，其中，能源、材料和消费行业与宏观经济变量的长期关联相对较显著，而医药、金融和公用行业与宏观经济变量的短期暂时关联相对较显著。在非对称反应方面，我们发现，负面的经济政策信息对上证消费、上证公用、深证能源、深证材料四类行业的冲击会大于正面信息所产生的效果，条件方差方程中存在暂时的杠杆效应。从沪深两类市场来看，上证行业与经济政策变量的互动关联较深证行业更显著。

第三，基于金融信贷、资产价格和宏观经济三者互动机理分析，构建SVAR，分别从国内货币信贷、国内宏观环境与境外金融环境三个层面考察不同资产价格在次贷危机后与宏观经济之间的风险联动关系。结果发现：①从国内货币信贷层面看，股票价格与房地产价格的变动对货币信贷环境的风险冲击持续时间较汇率变动更长；信贷变量对房地产价格的风险冲击有限，对股票和汇率的影响较大。此外，房地产价格与宏观经济环境变量之间的方差贡献度也表明，在代表宏观经济环境的各类指标中，货币供应量和利率变量对房地产价格波动的影响大于其他宏观经济变量的影响，信贷变量对房地产价格的风险冲击有限。②从国内宏观经济基本面看，房地产价格对宏观经济变量的风险冲击较股票价格和汇率而言更大。相对于股票价格与汇率变量而言，房地产价格与宏观经济环境之间的风险冲击具有更为显著的反应。此外，代表宏观基本面的变量中，消费变量对房地产价格的风险冲击在持续时间与反应程度上较价格变量和生产变量更大。股票价格和房地产价格对生产、消费和价格三变量的风险冲击较汇率更大。与杨建辉和潘虹（2008）的研究发现类似，我们的研究表明汇率对宏观经济的风险冲击相对较小。③从境外金融层面看，房地产价格对"热钱"的风险冲击力度较股票价格和汇率而言更为有限，但其风险冲击的持续时间相对较长，而房地产价格受到"热钱"的冲击后表现为先升后降，且表现出一定的持续性，可见，"热钱"在短期内有推高房地产价格的作用。

第四，通过运用由协整、格兰杰检验、误差修正模型、二元 VAR-BEKK-MGARCH（1，1）、三元 VAR-BEKK-MGARCH（1，1）模型构成的递进式的计量分析框架分析了沪深300股指期货推出前后股票价格与货币政策关联关系的变化。结果表明：①股指期货推出后，在考虑金融市场信息溢出的条件下，股票市场的波动性降低，货币政策与股票价格之间存在长期均衡的协整关系，与股指期货上市前的时期比较，其协整关系并未发生改变。②格兰杰因果检验表明，股指期货推出后，货币政策与股票价格之间引导关系改变为由股票市场到货币政策的单向引导作用。③总体而言，股票市场波动与货币政策调整之间存在显著的双向风险波动溢出效应，且货币政策调整对股票市场的风险波动传递更强。但股指期货推出后，在期货市场信息传递的作用下，货币政策对股票市场和期货市场的风险溢出较之前也有所降低。④在股指期货推出前，股票市场与货币政策之间的一阶均值波动冲击与高阶风险溢出只表现为货币政策对股票价格的单向价格传递溢出效应，而在股指期货推出后，则表现为双向价格传递溢出效应。

第五，借助人工神经网络与事件研究结合的方法，以涵盖次贷危机前、中、后的样本区间内我国中央银行货币政策调整与上证综合指数、深证成份指数收益率为研究对象，从股票市场对中央银行存款准备金率和1年期贷款基准利率调整短期冲击反应中证实了我国股票市场的"塔西佗陷阱"效应的存在，并对不同时期、不同工具、不同政策转向的股票市场"塔西佗陷阱"效应进行了识别、比较与分析，分析发现：①中国股票市场中存在"塔西佗陷阱"效应，且相对法定存款准备金率的调整而言，股票市场在1年期贷款基准利率调整时的"塔西佗陷阱"效应表现更严重。②不同时期"塔西佗陷阱"效应的程度不同。除特殊时期——次贷危机时期"塔西佗陷阱"效应的程度最严重外，相对危机前，危机后的"塔西佗陷阱"效应表现得更严重。③不同政策转向的"塔西佗陷阱"效应的程度和显著性也不同。1年期贷款基准利率上调时，危机后的"塔西佗陷阱"效应较危机前更严重，且在统计上表现为显著；1年期贷款基准利率下调时，危机时期的"塔西佗陷阱"效应较危机后更严重，且政策上调时的"塔西佗陷阱"效应的程度和显著性较政策下调更强。与此相对的是，法定存款准备金率上调和危机后的下调均未导致股票市场的"塔西佗陷阱"效应。法定存款准备金率应对次贷危机的下调表现出显著的"塔西佗陷阱"效应。

9.1.2　政策建议

基于本书的计量结果，笔者主要从货币政策制定是否要关注资产价格、增强货币政策操作透明度、增强资产价格与宏观经济的良性互动、关注金融市场高阶波动性以及提升政府公信力等方面提出政策建议，具体如下。

（1）资产价格波动与货币政策及宏观经济运行之间的关联关系因预测机构及公众对政策的预期、行业差异及政策差异而表现迥异，且其短期关联较长期关联的差异表现更为明显。因而经济调控政策不仅要关注经济运行的不同时期，还需关注各经济变量之间的协调配合，逐步增强货币政策的透明度和规则性，尽量减少政府对股票市场的直接调控，稳定市场参与者的预期，逐步规避由政策调整导致的市场大幅波动，进而改善货币政策在金融市场的传导效率，促使货币政策、宏观经济与股票市场达到良性互动。

（2）在金融信贷视角下，短期内货币供应量、利率和信贷规模对资产价格冲击力度较大，但长期而言，我国货币信贷变量及宏观经济政策对资产价格波动的调控能力有限，金融市场自身的运行规律依然是导致资产价格波动的重要原因。因而，为抑制我国资产价格泡沫与金融市场过度波动，相关政策层不仅要基于市场运行规律对资产价格波动加以关注，还必须有效控制金融系统风险的累积；不仅需要控制与约束金融信贷的调整，还需要进一步健全和完善金融市场的投融资制度与监管制度。

（3）股指期货推出后，在考虑金融市场信息传递条件下，股票市场与货币市场表现出更强的一阶矩和二阶矩的相依互动性，且其与股指期货市场也表现出显著的波动溢出联动。此结果一方面表明中央银行在货币政策操作中对金融市场的条件有所关注，金融市场资产价格本身的波动及相互之间的波动溢出对货币政策的制定和操作存在一定的冲击；另一方面也表明现行中央银行货币政策在金融市场之间的传递是有效的，尤其在股指期货推出后，其对资金流的吸纳增强了货币政策的有效性。但由于股指期货市场与现货市场较高的相依互动性的存在，两类市场的投资者不仅要关注各自市场本身的波动行情，还要适时对另一市场变化进行综合分析；而对于市场监管者，必须综合监控各关联市场，密切关注市场波动走势，以避免市场间的联动效应导致风险的蔓延与放大。

（4）市场异常的、逆向的、显著的"塔西佗陷阱"效应的存在意味着公众对政策的质疑与逆向解读，政策效率低下、政府的公信力下滑。公众对政府的适度质疑于政府监管的规范化与公正化是大有裨益的，然而一旦质疑恶化为不信任，使整个社会面临诚信危机，陷入"塔西佗陷阱"，最终带来的政府监管失效、管理成本增加等后果将不堪设想。为此，政策制定部门应逐步增强经济政策的透明度和规则性。为改善一般投资者信息弱势的状态，改善股票市场信息不对称、不公平，监管部门应建立由中国证监会、律师事务所、会计师事务所、投资机构及个人投资者，以及媒体和社会等力量共同组成的多方位的监管体系，执行严格的披露制度，防止特殊投资者的内部交易。政府需要进一步通过完善工作的阳光公开与统一规范等机制，加强政府社会管理和公共服务等职能的一系列改善性措施来规范市场规则，保护投资者利益，提升政策操作效率，建立政府在股票市场中的公信力。

9.2　研究的局限性与展望

由于货币政策与资产价格关联关系的复杂性，本书构建的分析框架也存在一定的局限性，主要体现为以下两点。

第一，本书的货币政策调整、资产价格波动与宏观经济运行的关联测度中，没有专门考虑金融资产交易量的反应，这对具有不确定性的经济政策操作与资产价格关联的测量和分析是非常有必要的。

第二，本书在测度宏观经济预期、货币政策与资产价格关联时，借助工具变量作为货币政策调整的代理变量，未能找到合适的变量度量货币政策调整中的预期与未预期部分，因此，在后续研究中，通过选择更恰当的货币政策变量区分政策的预期与未预期部分，并用已有框架分析货币政策与资产价格的关联将会得到更好的结论。这也是我们进一步研究和探讨的问题。

上述局限性在今后的研究中通过模型的扩展应用可以进一步深入研究，但要获得更加符合实践的计量分析，从分析技术与框架上，主要体现在以下几方面。

首先，可将目前所构建的分析框架与方法设计扩展运用到国债利率市场、外汇市场等多个金融市场中，通过构建更多元的 GARCH 模型，如引入汇率市场、利率市场、国际期货市场等，考察在更多个市场交互作用下资产价格与货币政策的关联互动。

其次，神经网络是一种迭代的算法，虽比普通均值法更适合于时间序列的预测，但也有其不稳定的弊端，后续研究中可尝试运用集成预测的方法对资产价格预期收益率进行更为准确的把握。

　　最后，可尝试与随机前沿分析技术相联合，在考虑统计噪音和随机的环境影响下对获得的经济政策与资产价格关联关系进行修正，排除统计噪音和随机环境因素的影响，以获得具有可比性的政策效果测度值。

参 考 文 献

杨建辉，潘虹. 2008. 国际原油价格、人民币实际汇率与中国宏观经济研究. 系统工程理论与实践，28（1）：1-8.

致　　谢

时光荏苒，斗转星移，从 2007 年免试推荐博士研究生至今的研究工作使我对科学研究与实践相结合有了更深层的认识，对自己未来的科研发展方向与规划有了更加明确的定位。回首往事，心中充满了感激之情，借此我要向我生活中的每一位师长、朋友及家人表示感谢。

首先，要衷心感谢我的导师卢新生教授对我的悉心指导，十年来的合作研究，导师不仅为我提供了宝贵的学习与锻炼机会，还在科研工作和生活上给予了我莫大的帮助与关心，让我在困难面前充满自信，永不言弃。其次，要特别感谢杨海珍教授和汪寿阳教授在我博士后在站及出站五年多来的帮助、指教与鼓励，从入站的学习到在站的研究再到出站，无一不倾注着合作导师的帮助与指教。再次，要感谢杨海珍教授、汪寿阳教授和杨晓光教授在研究工作上的多次智慧点拨与悉心指导，以及他们在国家自然科学基金重点项目申请、执行、报告撰写等方面提供的宝贵学习与锻炼机会，特别是他们严谨的治学态度、勤奋执着的工作品质、谦虚正直、诚朴乐观的做人态度让我终身受益。

同时，要感谢北京科技大学东凌经济管理学院的多位领导与同事，是他们的支持和帮助才使我可顺利完成研究工作；还要感谢在我研究工作中提供帮助的多位师长和朋友，他们真诚的关心才使我有机会在更好的工作平台进行教学和科学研究，定不负众望，继续努力。

此外，我要感谢我的家人一直以来给予我的体谅、帮助与全力支持，他们让我的研究工作与生活始终充满着信心并让我感到无比的幸福。感谢 6 岁的儿子在我忙碌的工作与研究中带给我的快乐与幸福，借此祝福儿子健康快乐成长！

祝愿所有给予我关心、帮助与支持的老师、同学和家人永远幸福平安！

寇明婷

于北京科技大学东凌经济管理学院